ENCUENTRE EL SENTIDO CUANDO LA VIDA NO LO TENGA

SECRETOS QUE LE HARÁN HALLAR PAZ *en* MEDIO DE LOS TIEMPOS DIFÍCILES

PRÓLOGO DE DON PIPER

CECIL MURPHEY

Coautor de *90 minutos en el cielo*, éxito de ventas del *New York Times*

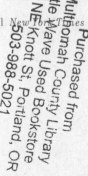

WORTHY®
Latino

He intentado contar historias reales en este libro, pero a veces he tenido que proteger al culpable o escudar la privacidad de otros. Cuando uso un nombre completo, significa que tengo permiso para contar la historia. Cuando uso solo el nombre significa que la historia es cierta, pero que he alterado unos cuantos datos para evitar demandas, la pérdida de amigos o menosprecio de la persona citada.

—Cecil Murphey

Contenido

Prólogo

—No sé si ya lo has oído, Don, pero la casa de Cec está ardiendo. Si tienes una computadora a mano puedes ver las noticias en línea en una estación local de Atlanta ahora mismo", decía la agitada voz de nuestra agente literaria, Deidre Knight, al otro lado del teléfono.

—Ah, no. Lo estoy viendo ahora mismo.

En cuestión de segundos, veía cómo el cámara de televisión hacía una toma de una pradera de un suburbio de Atlanta. Por si la nebulosa de humo no fuera lo suficientemente impactante ya, las lentes de la cámara se detuvieron en mi amigo y compañero de escritura, Cecil Murphey.

Cec estaba de pie en la acera de su casa de siempre, con su brazo puesto alrededor de Shirley, su dulce esposa desde hace muchos años. Mientras miraba a esa querida pareja, mi corazón desfalleció. Entré en un sentimiento profundo de tristeza y gran desesperación en ese momento.

Cec y Shirley perdieron prácticamente todas las posesiones acumuladas durante toda su vida. Incluso más trágica aún fue la pérdida de su yerno esa mañana en las llamas también. Fotografías irremplazables, manuscritos, recuerdos de sus años como misioneros en África, primeras ediciones de libros, automóviles, ropa, todo se fue en una fogata que alteró su vida.

En los días posteriores, amigos, autores novatos de los que Cec había sido mentor (y se cuentan por legiones), amigos de la industria publicadora, miembros de iglesia, vecinos y familiares derramaron mucho amor sobre la familia Murphey. Los que hemos trabajado con Cec inmediatamente reunimos dinero para una nueva computadora, sin la cual él no podía ejercer su actividad.

Pero fue un gran caos. No estoy seguro de que Cec Murphey sea un experto en caos. De hecho, espero que no haya muchos expertos en esta área, pero sí sé esto: él ha experimentado circunstancias enormemente difíciles en su larga y distinguida vida. Y lo que no ha experimentado personalmente, puedo asegurarle que alguna otra persona se lo ha contado. Él es un misionero, pastor, prolífico escritor, confidente, amigo, padre, esposo y superviviente. Miles de personas han enviado historias de sus momentos más difíciles a Cec Murphey.

Creo que eso hace que Cec esté eminentemente calificado para ofrecer un consejo excelente sobre encontrar el sentido cuando la vida no lo tiene.

Y vaya si encuentra sentido. Este libro, confío, será un manual básico clásico sobre cómo vencer los caos de la vida, un plan de acción para cómo navegar por nuestra vida con el menor número posible de cicatrices y la máxima cantidad de logros.

Para un hombre que ha publicado más de 120 libros, humildemente sugiero que este libro es una de sus mejores obras. Encontrará que las palabras saltan de las páginas. Se verá a usted mismo diciendo: "Vaya, esto es totalmente cierto", mientras lee sus páginas. Algunas de las ideas más profundas de Cec están contenidas en esta obra. No son tópicos, sino instrucciones valiosas, transparentes, sensibles y prácticas acerca de cómo vivir una vida significativa.

Medite en sus palabras:

- "Necesito los espacios vacíos de la vida para aprender a aceptar la plenitud de la vida".
- "Necesito a mis oponentes. A menudo dicen las verdades que no dicen mis amigos".
- "Apreciar los logros de otros me permite disfrutar de mi propio éxito".
- "Todos lamentamos cosas que hemos hecho. Los lamentos más grandes vienen por las cosas que *no* hemos hecho".

Sí, este es un libro que abunda de sabio consejo. Solo desearía haberlo leído cuando estaba en el umbral de mi vida, en vez de hacerlo cuando ya estoy en la cuesta abajo. No obstante, sé que me beneficiaré enormemente de su sabiduría hoy. Y estoy totalmente seguro de que usted también.

Encuentre el sentido cuando la vida no lo tenga es una plantilla del siglo XXI para su vida más significativa. ¡Léalo! ¡Aprenda! ¡Disfrute!

Don Piper
Diciembre de 2011

1

La vida es conflictiva

LA VIDA ES COMO LIMPIAR la casa. Mi esposa trabaja mucho, y el lugar está impoluto: durante un día. Entonces, antes de darnos cuenta de qué ha ocurrido, vuelve a aparecer el desorden y el desbarajuste. Dejamos las cosas en lugares temporales y nos olvidamos de ellas; derramamos café y no nos damos cuenta. El espejo del baño ofrece gotas de agua mientras que el polvo se multiplica en cada rincón.

Así es como funciona la vida, pero tenemos opciones.

- Vivimos con desorden.
- Recogemos el desorden y esperamos al siguiente asalto.
- Nos quejamos mientras encontramos alguien a quien culpar de nuestro caos.
- Decidimos: Este es el momento para probar algo nuevo. Los conflictos siguen apareciendo, eso es inevitable, pero serán diferentes tipos de desórdenes.

Piense en mi amigo Skip Cothran, por ejemplo, que era vendedor mayorista de Oscar Mayer. Su trabajo conllevaba viajar mucho. Él y su esposa se involucraron mucho en una iglesia local mientras ella estaba embarazada de su primer hijo. Skip le dijo a Suzie:

—Esta gran campaña se acabará en seis semanas. Después de eso, tendré más tiempo para ti y nuestra iglesia.

—En cuanto termines esta campaña, comenzarás una nueva —dijo Suzie riendo.

Tengo que decir que Skip no discutió nada; sabía que ella tenía razón.

Quizá sea usted como Skip. Señala un objetivo concreto y se dice a usted mismo: *Cuando me compre una casa nueva, consiga el ascenso, encuentre el marido indicado, gane un millón de dólares, o los niños se vayan de casa...*

Mientras se diga a usted mismo que el caos y el desorden desaparecerá *cuando* ocurra un evento o *después* de algún evento, se engaña a sí mismo; al menos durante un tiempo.

El desorden nunca desaparece, porque la vida es conflictiva.

La vida seguirá abarrotada.

Usted no podrá escapar de las demandas de la vida.

Entonces ¿cómo reaccionar? Cambiar de trabajo, mudarse a otra ciudad o encontrar una pareja puede que le haga parecer que todo está como una casa impoluta, pero sus viejas costumbres le alcanzarán. Quizá ya se haya dado cuenta de esto.

O puede que el caos ya haya irrumpido. *Esta es la peor época de mi vida,* quizá piense. Le han despedido de su empresa, invirtió de una manera poco sabia, o su relación amorosa se ha terminado. ¿Ahora qué?

- Decide vivir permanentemente en la ciudad Desastre y se consuela con la manera en que las cosas solían ser.
- Se muda porque se ve obligado a hacer cambios, y se resiente por todo lo que ocurre.
- Se dice a usted mismo: *Esta puede ser la mejor época de mi vida. Puedo intentar esas cosas que siempre quise hacer pero nunca hice.*

La vida nunca será perfecta, pero puede ser buena. Puede ser emocionante, e incluso mejor de lo que usted ha imaginado.

Pero ¿qué pasaría si pudiera hacer pequeñas transformaciones graduales en su actitud: permanentemente? ¿Qué ocurriría si pudiera aprender a lidiar con el caos y avanzar para poder manejar los conflictos sin perder impulso?

En este libro, quiero alentarle y sugerirle formas en que puede hacer que su vida sea mejor. Podría haber añadido "a pesar de" las dificultades, pero no es eso a lo que me refiero. Usted puede conseguir que su vida sea mejor *debido a* esas adversidades. Y quiero ayudarle a hacer eso.

Tan solo para que se dé cuenta de que esto no es algo teórico o que estoy sugiriendo algo que no practico, quiero contarle algo que me ocurrió en 2007.

La vida nunca será perfecta, pero puede ser buena. Puede ser emocionante, e incluso mejor de lo que usted ha imaginado.

Eran cerca de las nueve una mañana de febrero cuando nuestra casa se incendió. Mi esposa y yo pudimos salir sanos y salvos, y también nuestra hija. Su esposo, sin embargo, murió en el incendio. La pérdida de todo lo demás: ropa, muebles, recuerdos, computadora y dos automóviles en nuestro garaje, no fue nada en comparación.

Una hora después del fuego, mi mejor amigo, el Dr. David Morgan, llegó. David me abrazó y me dio palabras de consuelo. Las primeras palabras que le dije fueron: "Me he estado preparando para esto".

No pensé conscientemente en esa frase, simplemente salió de mí. Pero cuando la dije, supe que era verdad. David entendió que yo no había esperado la muerte de Alan o la pérdida de la propiedad. Sabía que me refería a que había estado viviendo y preparándome para hacer frente a dificultades y pérdidas.

Me gustaría ayudarle a avanzar también en esa dirección.

Cada vez que recibimos un revés o una decepción, finalmente nos recuperamos; así es como sobrevivimos en esta vida. A medida que los problemas aumentan (y lo hacen), nos alientan a seguir avanzando.

Si usted es introspectivo, puede mirar atrás y pensar: *Lo superé la última vez, y lo volveré a superar esta vez.* Como un cristiano serio, yo lo digo así: "Dios me capacitó para pasar por el sufrimiento del pasado; Dios está aún obrando y me ayudará también a pasar por el actual".

A veces usted resulta herido, y a menudo se dice para sí: *Espero no tener que volver a pasar por esto.* Y probablemente no volverá a sufrir el mismo problema, si aprende de esa experiencia. Si no, probablemente le seguirán acosando crisis similares.

Pruebe mis palabras. Cada vez que algo le golpee en la cara, dígase en voz alta: "Me he estado preparando para esto". No es una preparación consciente para el desastre, pero significa que acepta ese sufrimiento como un conflicto más en su vida, y un conflicto más que superará.

*La vida es engorrosa. No puedo evitar el caos,
pero puedo escoger mi respuesta a la crisis.*

2

¿Por qué este caos? ¿Por qué ahora?

EL TÍTULO REFLEJA LAS DOS formas en que he oído la misma pregunta. Parece ser que pensamos que si somos buenas personas, especialmente si somos religiosos o pensamos de forma espiritual, la vida nos irá bastante bien, y nos encontraremos con pocas dificultades.

Entones, sin previo aviso, el caos aterriza sobre nosotros. O la confusión. O los problemas. Independientemente del término que usemos, no nos gusta, y no lo entendemos.

Hacer cualquiera de las preguntas de arriba surge de nuestro intento por controlar la vida, y tenemos que lograr quitarnos de la cabeza esa vana y fútil idea.

La respuesta a ambas preguntas es sencilla:

Necesito este caos, y necesito este caos en este instante.

Como realmente creo en un Dios que es soberano, también creo que Él sabe lo que necesito. Sé lo que quiero (o pienso que lo sé), pero tiendo a optar por lo fácil, lo rápido, lo conveniente. Sin embargo, esa no es la manera en que yo maduro como persona.

Quiero crecer, y sin embargo odio tener que pasar por conflictos en la vida. Todos hemos oído: "Sin dolor no hay crecimiento". En la vida funciona igual que lo hace en el ejercicio físico.

Los caos en la vida son mis mejores maestros.
No me gustan, pero los necesito.

Encontrar nuestro equilibrio

COMO LA ENFERMERA ASISTENTE HABÍA dejado sin darse cuenta la puerta entreabierta, yo podía observar al anciano comenzando con su examen médico. "Manténgase solo sobre su pie derecho durante diez segundos —le dijo ella—, y después cambie de pie".

Su conformidad captó mi atención. Se sostuvo sobre un pie. Sus brazos abiertos y su cuerpo bamboleándose, hacia delante y hacia atrás, hacia un lado, y luego hacia el otro. No se cayó, pero era obvio que no tenía un buen equilibrio.

Así es la vida, pensé. *Constantemente nos esforzamos por encontrar estabilidad, aunque no siempre somos conscientes de que eso es lo que hacemos. Si una parte del cuerpo descompone el equilibrio, el resto del cuerpo se apresura a restaurar la armonía. A veces causamos risa y nos sentimos confundidos, pero aun así lo hacemos.*

La vida demanda equilibrio, y quizá se vea o se sienta usted incómodo, especialmente cuando está intentando comenzar de nuevo y saber qué quiere hacer con su vida. En cualquier aso, así es como funciona la vida. Supongamos que su trabajo requiere que lleve cuarenta kilos con su mano derecha y solo treinta en la izquierda. Si lleva ese peso durante mucho tiempo, su hombro derecho naturalmente se inclinaría hacia abajo y su hombro izquierdo subiría. Así es como mantendría la estabilidad. Estaría estabilizado, pero no sería bueno para su salud.

Usted no puede verse como realmente es (nadie puede hacerlo). O para decirlo de otro modo, no se dará cuenta cuando esté descompensado porque usted compensa. Mientras tenga otros factores que contribuyan a alguna forma de estabilidad, usted sobrevivirá. O mientras siga haciendo lo que ha estado haciendo durante los últimos cinco años, una parte de usted afirma: *Puedo seguir así.* Otra parte grita: *Esto es terrible. Hagamos algunos cambios y encontremos una forma mejor de vivir.*

Encontrar el sentido, un buen sentido, a un mundo caótico constantemente le hace perder el equilibrio y le obliga a abrir sus brazos y doblar su cuerpo en extrañas posiciones. No está mal querer estar con su pie bien plantado en el suelo. Y las raras posturas quizá sean necesarias cuando pierde su equilibrio debido al despido que ha sufrido en su empresa, el divorcio, la muerte de un ser querido, un embarazo no deseado, reveses económicos o cuando sus hijos se meten en problemas.

> es imposible resolver los dilemas de la vida cuando sus esfuerzos por mantener su equilibrio demandan toda su atención

Pero piense en lo que ocurre cuando mueve sus brazos: es imposible resolver los dilemas de la vida cuando sus esfuerzos por mantener su equilibrio demandan toda su atención. No es el momento de tomar decisiones, especialmente decisiones significativas.

¿Por qué no dejar de intentar mantenerse recto? Apóyese contra una pared, o haga algo para que sus brazos no se estén agitando el aire. Está bien estar temporalmente abatido.

Quizá necesite un poco de tiempo para sentir lástima de usted mismo. Así que adelante, y laméntese por la vida. Piense en lo que podría haber sido, o cómo podía haber actuado de otra forma. Vaya ahí de visita, una *breve* visita, no para quedarse a vivir permanentemente.

Esta estrategia de desequilibrio le ayuda a admitir su fracaso, identificar cualquier injusticia y experimentar tristeza, quizá incluso culpa, por cualquier papel que usted haya desempeñado en el evento. Demasiadas personas quieren pasar rápido por la aceptación personal de la responsabilidad o el sentimiento del dolor.

En cambio, confronte esas cosas. Dígase:

- Estaba equivocado.
- Fui ingenuo.
- Me traicioné al conformarme con menos de lo que quería.
- Ignoré las señales de aviso de este desastre.

La admisión es un paso positivo: significa no solo hacerse frente a usted mismo antes de intentar avanzar, sino también perdonarse (y también a cualquiera que le haya ofendido). Por eso los siguientes principios de los programas de 12 pasos son tan importantes:

Paso 4. Hicimos una búsqueda y un valiente inventario moral de nosotros mismos.

Paso 5. Admitimos ante Dios, ante nosotros mismos y ante otro ser humano la naturaleza exacta de nuestros errores.

Puede apresurar el afrontar la responsabilidad, pero le desequilibrará aún más. La religión cristiana aporta una manera de tratar nuestros errores. Si no le gusta la palabra *fracaso*, piense en *defecto, error de juicio, ofensa o pecado*. Independientemente de la palabra que use, es crucial hacer frente a lo que ha hecho (o no ha hecho). Confiéselo a Dios y pida la fortaleza para no repetir sus acciones. Después de eso, puede avanzar hacia un equilibrio más nuevo y saludable.

Esto también tiene un bono para usted. No solo perdona, sino que aprende más sobre usted mismo. Identifica áreas donde es vulnerable o susceptible. Es más consiente de *desencadenantes* o *chispas* específicas, a fin de evitar el movimiento de brazos y las contorsiones.

Me esfuerzo por un equilibrio saludable. Encuentro
un equilibrio saludable cuando afronto mis errores.

4

No malgaste una crisis

HACE CINCO AÑOS, ESTABA ENTRE los oradores en una conferencia en Carolina del Norte. La directora, Ivonne Lehmann, hizo un ejercicio interesante con los cuatrocientos que estábamos presentes.

Cuando todos nos habíamos levantado, ella dijo: "Si nunca le han rechazado un manuscrito, por favor siéntese". Ella explicaba que muchos de los escritores eran nuevos y que nunca habían intentado que les publicaran aún. Probablemente un tercio de los asistentes se sentaron.

"Si solo le han rechazado una vez, siéntese". Eso dejó solo a unos pocos de pie.

A partir de ahí fue de cinco rechazos a diez y veinte. Cuando llegó a quinientos, una mujer y otro hombre y yo estábamos de pie. Sandy Brooks dijo que ella había recibido mil rechazos durante su carrera. El novelista T. Davis Bunn y yo no estábamos seguros de nuestros rechazos totales, pero ambos sabíamos que superaban los quinientos.

Davis y yo éramos probablemente los escritores presentes de más éxito. Ese era el punto que Yvonne quería enseñar.

Después de sentarme, me di cuenta de que aprendí a aceptar los rechazos. Durante la primera década de mi carrera como escritor, cada no aceptación me hacía deprimirme. Cuando había recibido doscientos rechazos, mis emociones habían aprendido a lidiar con ello. Ahora simplemente me encojo de hombros y dijo: "La próxima vez se venderá". No fue fácil, pero aprendí pasando por cada calamidad de una editorial que no quería mi libro.

Esto es lo que aprendí. No malgaste una crisis. Aprenda de ella. Está bien lamentarse de uno mismo o enojarse o deprimirse, eso es normal y natural. Pero no deje que esas emociones negativas controlen su vida. En cambio, crezca con esos golpes tan terribles. Cada crisis que supera le prepara para lo siguiente.

Está bien lamentarse de uno mismo o enojarse o deprimirse, eso es normal y natural. Pero no deje que esas emociones negativas controlen su vida.

A nadie le gusta ser rechazado. ¿A quién le gusta que le despidan o le regañen, especialmente cuando uno siente que se ha esforzado al máximo? Una pila de facturas sin pagar le hace preguntarse si será capaz de salir de su deuda algún día. Una enfermedad golpea a un miembro de su familia. La muerte de un amigo muy querido o un cónyuge le hace pedazos. La lista puede parecer interminable, pero cada una representa una crisis de algún tipo.

No malgaste una crisis. Pregúntese: ¿Qué tengo que aprender de esta experiencia? Sí, es una pregunta sencilla, pero no pretende hacer luz del dilema. Usted sobrevivirá a esta crisis, como ha hecho en el pasado. También sobrevivirá a las demás calamidades que le buscarán y le encontrarán más adelante, a menudo cuando menos lo espere.

No malgastar la experiencia significa decirse a usted mismo: *Esta es una lección de la vida. Necesito esto para mi crecimiento.*

Quizá no esté de acuerdo del todo con la última frase, pero se ha convertido en parte de mi filosofía de crecimiento personal. Yo no creo en los accidentes o en los problemas aleatorios. Creo en un Dios que está en control del mundo, y específicamente, de mi mundo. Desastres y dilemas no son lo que yo escogería, pero me presentan oportunidades para poder examinar mi vida. No llegué a esta postura fácilmente, sino solo después de muchas calamidades y catástrofes. Cuando aprendí a aceptar el desastre presente y a verlo como una oportunidad para madurar y crecer, me hice más fuerte y menos preocupado por el siguiente caos.

Cada vez me hacía la misma pregunta: ¿Qué tengo que aprender de esta experiencia?

No siempre encuentro una respuesta. A veces entiendo solo años después. A veces nunca lo sabré. Pero sé que cada vez que me lo pregunto, acepto la injusticia y las dificultades de la vida, y me hago más fuerte y más preparado para otras crisis.

No me gustan los problemas. ¿A quién sí? Pero ninguno es inmune, y sobrevivir a cada experiencia dura nos hace estar más preparados para la siguiente.

Por ejemplo, mi esposa se enfermó gravemente y fue hospitalizada durante quince días. Pasé largas partes de esos días con ella. En ese tiempo estaba cerca de terminar un libro, cuyo plazo máximo de entrega era la semana que ella entró en el hospital. También tenía un contrato para escribir otro libro (el cual había comenzado meses antes). Ambos tenían como fecha tope un periodo de cuatro semanas.

> Esta es una lección de la vida. Necesito esto para mi crecimiento.

Shirley sufrió dos cirugías, e incluso después de regresar a casa, temporalmente usó un andador y un tanque de oxígeno. El punto es que su enfermedad interrumpió mi calendario de trabajo.

¿Qué tenía que aprender de mi situación? La lección más sencilla es que mi esposa es más importante que mi trabajo. Eso ya lo sabía, pero las experiencias de la vida me forzaron a tomar esa decisión consciente.

Esta es otra lección, y no es la primera vez que me ha costado trabajo aceptarla. *Hoy tengo tiempo para hacer todo lo que tengo que hacer hoy.* Si no puedo terminar todo lo que quiero hacer, lo terminaré mañana o la semana siguiente.

Yo soy altamente disciplinado y espero terminar un proyecto a tiempo, incluso antes. Sin embargo, cuando sentí la tristeza y el dolor interno del duro sufrimiento físico de mi esposa y supe que no había nada que pudiera hacer para aliviarlo, escogí estar con ella. A veces no hacía otra cosa que estar sentado junto a ella y tomar su mano.

Como uno de mis amigos solía decirme: "Lo único que puedes hacer es lo que puedes hacer".

No puedo escoger la crisis, pero puedo escoger aprender por medio de la experiencia.

5

Redescubrir nuestra pasión

CUANDO TENÍA UNOS VEINTE AÑOS, el poema de John Greenleaf Whittier "Maude Miller" me tocó profundamente. Es una historia de un noble y una pobre chica de granja que se conocen un verano cuando él se detiene en su pozo a pedirle un vaso de agua. Se miran fijamente, y ambos sienten que el amor se aviva. No sale nada de su breve encuentro porque él es de nacimiento noble y ella es campesina. Pero ninguno olvida al otro, y ambos a menudo se preguntan qué habría ocurrido si hubieran expresado sus sentimientos.

Cerca del final del poema aparecen estas palabras:

Porque de todas las palabras tristes de la lengua o la pluma,
Las más tristes son estas: "¡Podría haber sido!"

Las palabras tuvieron un impacto tan grande en mi vida, que decidí a esa edad no mirar nunca atrás y decir: "Podría haber sido".

He cometido errores, y he tomado algunos caminos equivocados, pero no lamento nada de lo realizado. Incluso de esas calles sin salida he aprendido algo acerca de la vida y de mí mismo.

Para muchos de nosotros, la vida se interpone en las cosas que queremos hacer o que tenemos alguna vaga esperanza de lograr. O nos convencemos a nosotros mismos de que somos inmunes, ingenuos o necios por tener tales ambiciones o deseos. O quizá no hacemos nada con nuestros sueños porque parecen demasiado difíciles para nosotros o imposibles de alcanzar.

Cuando tenía quince años, leí *The Human Comedy* [La comedia humana], de William Saroyan. Cuando terminé de leer ese libro, supe dos cosas. Primero, que quería escribir. Segundo, que quería escribir tan bien como Saroyan. Desde entonces he cumplido siempre la primera parte de mi deseo y sigo luchando por cumplir la segunda.

El problema es que me rendí. A los dieciséis años era inmaduro, inexperto y no tenía ni idea de cómo convertirme en un buen escritor; es decir, un escritor con sus trabajos publicados. Escribí una historia corta, la envié a una revista que no publicaba ficción (algo que yo no sabía en ese momento), y me la rechazaron.

Después de eso, la vida se interpuso, y estudié una carrera, me casé y tuve familia. Pero el sueño de escribir nunca murió. Cuando tenía veintidós, escribí un libro de no ficción y lo envié a una editorial. Fue rechazado, así que tiré el manuscrito. Decidí que lo había intentado y que había fracasado y, por tanto, asumí que nunca podría escribir. La pasión que había ardido tan intensamente parecía haber muerto... o al menos eso pensaba yo.

Cuando tenía treinta y ocho, lo volví a intentar, pero esta vez lo hice diferente. Tomé una clase y aprendí acerca del oficio y del negocio de las editoriales. Después de volver a escribir casi por completo mi primer artículo dieciocho veces, lo envié, y lo aceptaron para publicarlo. Mi carrera como escritor comenzó con la publicación de un pequeño artículo. Pero para mí, convertirme en un autor al que le habían publicado era más que recibir treinta dólares por una página completa de una revista. Era el momento de redescubrir y seguir mi pasión.

Ahora llevo ganándome la vida como escritor durante más de un cuarto de siglo. Mi carrera es más que mi éxito como escritor. Se trata de una *pasión*. Antes de entregar ese artículo, el fervor había resurgido lentamente, un deseo tintineante a veces, pero real. Durante los siguientes cuatro años, me publicaron unos cien artículos. Descubrí que las palabras me venían fácilmente, y escribía rápidamente. Cada vez (o así me parece retrospectivamente) el entusiasmo iba en aumento.

Cuando di el salto para convertirme en escritor a tiempo completo, lo hice después de un periodo de oración y búsqueda interior. Me di a mí mismo una decena de razones por las que era una tontería. Pero tenía una razón principal para asumir el riesgo: *pasión*. Mi ferviente entusiasmo era muy fuerte. Sabía que era algo que tenía que hacer imprescindiblemente, incluso si fallaba.

¿Dudé de mi capacidad? Tuve *muchas* dudas, y siguieron durante años. ¿Pensaba que podría vivir como escritor? No lo sabía, pero no podía huir del ardiente deseo de poner palabras en la página. Tras un periodo prolongado de autoexamen, mi entusiasmo no disminuyó. Sentía más fuerte que nunca que era la dirección correcta para mí.

La pasión tiene una forma de vencer los obstáculos y los argumentos. Era algo que *tenía* que hacer, llámelo una compulsión. Cuando miraba fijamente a los obstáculos, me encogía, pero cada vez que me enfrentaba a uno, me recordaba a mí mismo las palabras de Whittier y prometía de nuevo que seguiría mi obsesivo deseo, y nunca suspiraría y diría: "Podría haber sido".

¿Qué pasaría si escuchásemos esos anhelos internos, esos deseos sin cumplir, esa urgencia profunda que susurra: "Esto es para ti"?

Es un buen momento para enfocarse en los deseos internos cuando llegamos a ese lugar donde pensamos:

> La pasión tiene una forma de vencer los obstáculos y los argumentos.

- Esto ya lo he hecho antes, demasiadas veces.
- Mi trabajo ya no es divertido.
- Mi vida es aburrida.
- No sé qué hacer ahora porque no tengo un trabajo (o un cónyuge o...).

Pero tenemos que hacer frente a los asuntos de una forma realista, lo cual significa con algo de sentido común. Frecuentemente recibo correos electrónicos de personas que dicen: *Yo siempre he querido escribir, y perdí mi trabajo, así que me pregunto si podría usted ayudarme a comenzar. O: Tengo que aumentar mis ingresos. Pensé que escribir sería una buena manera de suplementarlos.*

¿Qué es lo que realmente quieren que les responda en esos correos? Quieren que tome sus manos y les capacite para saltar los obstáculos. Parte de la seguridad de que estamos haciendo lo correcto viene al afrontar esos formidables obstáculos con la actitud que dice: voy a intentarlo sea como sea.

La verdadera pasión nos empuja a hacerlo por nosotros mismos, a buscar lo que tenemos que hacer, y a no confiar en que otra persona haga el trabajo por nosotros. Quizá signifique ir a la escuela. Eso es lo que hizo mi esposa. Aunque Shirley tenía una carrera, decidió entrar en el mundo de las editoriales como editora. Comenzó de nuevo, fue a la escuela a tiempo parcial, y sacó un título en periodismo a los cincuenta y cinco años.

Puedo citar numerosos ejemplos de un despertar tardío. La frase se refiere a aquellos que nunca perdimos ese deseo ardiente. Pero más importante aún, significa que finalmente, *finalmente*, nos permitimos ir en pos de lo que nos apasiona una vez más.

*Si persigo mi pasión, no tendré que
lamentarme por lo que podría haber sido.*

6

Viejas actividades, nuevas formas

Una vieja historia comienza con un estudiante que preguntó a su maestro Zen:

—¿Qué hacía usted antes de ser iluminado?

—Me despertaba al alba, iba a buscar agua y encendía un fuego —dijo el maestro, y procedió a relatar el resto de sus actividades matinales.

—Y después de ser iluminado, ¿qué hacía?

—Me despertaba al alba, iba a buscar agua y encendía un fuego...

El punto obvio es que las actividades externas no habían cambiado, pero la actitud interna sí. Cuando hemos adoptado la nueva actitud, se convierte en algo normal. Ese segmento de la vida tiene sentido, o mayor sentido que anteriormente, y toma un significado más profundo. Un beneficio es que comenzamos a ver nuestras crisis como cosas de las que aprendemos y nos beneficiamos.

Puede que sigamos haciendo muchas de las mismas cosas, y probablemente las seguiremos haciendo. Los cambios son internos. O como le gusta decir a mi amigo David Morgan: "No es lo que haces, sino qué parte de ti lo hace". Nuestras motivaciones cambian aunque sigamos involucrados en las mismas actividades. A veces reaccionaremos de forma emocional (*Siento que necesito...*), y a veces será una frase razonada (*Esta es mi responsabilidad, o compromiso, así que actuaré*).

Hacemos algunas cosas porque se nos ha enseñado que es lo correcto, lo moral, lo ético o quizá sea lo que nuestro jefe quiere que hagamos. Cuando nos alejamos de antiguos trabajos o relaciones, puede que hagamos muchas de las mismas cosas, pero nuestras *razones* serán diferentes.

> "No es lo que haces, sino qué parte de ti lo hace".
> —David Morgan

Hace algunos años, pasé por un tiempo particularmente traumático al tratar con asuntos de mi infancia que había ignorado o negado, una de esas veces caóticas en que la vida no tiene sentido. Durante un periodo de meses hice la paz con mi pasado, me perdoné y perdoné a los que me habían herido. Hice unos cuantos cambios importantes, o al menos eso me parecía. Al menos *yo* sabía que era diferente y que ya no me relacionaba del mismo modo.

La mayoría de las personas no parecían ser conscientes de los cambios en mí. Quizá era porque observaban mi conducta y no percibían mis motivaciones.

Sobresalieron dos comentarios. Uno procedía de mi sobrina Eldora, como una hora después de haber llegado a mi ciudad en Iowa de visita. "Eres distinto —dijo ella—. Estás más tranquilo de lo que solías estar".

Después pensé: *Probablemente hablaba tanto como antes, pero hablaba diferente. No necesitaba controlar el flujo de la conversación.*

El segundo vino de mi esposa. Una noche fuimos a un festival griego local con una pareja que conocíamos de hace mucho tiempo. Shirley, de pie delante de mí, le dijo a Dixie: "Cec ha cambiado mucho en estos últimos meses. Solía saber lo que estaba pensando o lo que quería, pero ahora no lo sé".

Shirley estaba confundida; yo estaba exultante. Ella lo había notado, y sus palabras verificaban que yo había cambiado. Aunque mis acciones no habían variado mucho, ya que hacía muchas de las mismas cosas que había hecho durante años, ella fue sensible a mis cambios internos.

Con el tiempo nuestras motivaciones cambian, nuestro entusiasmo decae o aumenta, y pasamos más tiempo o menos tiempo en proyectos distintos. El maestro Zen seguía haciendo la misma rutina cada día, pero lo veía de otra forma.

Otro ejemplo es la transformación de una dependienta de nuestra oficina local de correos. Normalmente hay dos o tres dependientes detrás del mostrador. Yo odiaba tener que verme con una dependienta en particular. Era eficiente y hacía bien su trabajo, pero nunca sonreía ni decía: "Buenos días". *Brusca* era la palabra más amable que podía haber usado para describirla. Era como hablar a una máquina con manos. Una vez le dije a Shirley: "Siento como si ella me estuviera haciendo un favor al atenderme".

Hace un año, algo le pasó a esa dependienta; no sé lo que fue, y no la conocía lo suficiente como para preguntarle. Sigue siendo igual de eficiente; aún habla muy poco. Pero ahora hay una dulzura en sus gestos, y no me importa que me atienda.

¿Lo habrán notado los demás clientes? No tengo ni idea. Ella sigue haciendo las mismas cosas que siempre ha hecho, pero creo que algo positivo le ocurrió en su interior. Y para los que lo hemos notado, ella es diferente.

Después de cambiar, sigo haciendo las mismas cosas, pero las hago con otras motivaciones.

7

Pequeños fracasos

"El noventa por ciento de nuestras decisiones y acciones son automáticas", dijo un predicador local en un reciente sermón. No sé de dónde saqué esa cifra, pero estoy dispuesto a aceptarla.

Siguió diciendo: "Seguimos teniendo opciones y podemos cambiar alrededor del diez por ciento de nuestra conducta".

Suponiendo que estaba en lo correcto, pensé en su frase durante todo el día. Si puedo modificar tan solo una décima parte de mi conducta, eso no me incentiva para hacer cambios grandes y significativos.

Pero quizá eso son buenas noticias para nosotros. Significa que tenemos que enfocarnos en pequeñas cosas en vez de en hacer una reconstrucción total de nuestra personalidad.

De hecho, muchos expertos dicen que podemos cambiar, pero no cambiamos mucho. Después pensé en una transformación grande e inmediata de mi vida, y dije en voz alta: "Dejé de fumar, y fue una decisión abrupta". Debe saber que comencé a fumar cuando tenía quince años, que era aproximadamente la edad en la que la mayoría de los chicos del vecindario adoptaban el hábito. Seis años después, y aún fumando, estaba en la marina de los EEUU destinado en Great Lakes, Illinois.

Una noche, justo antes de las diez, estaba en mi litera, esperando que cesara el ruido de la barraca y que se apagaran las luces para poder dormir. Ocho horas antes había comprado un cartón de tabaco. Justo entonces se me cruzó un pensamiento impactante: *No necesito volver a fumar*. Y supe con certeza que esas palabras eran ciertas. La decisión fue abrumadora; estaba convencido de que no volvería a encender otro cigarrillo.

Salté de mi litera y fui a mi taquilla. Saqué el cartón y mi encendedor, y se los entregué al hombre que había en la litera de al lado.

—Lo dejo. Te lo puedes quedar.

Él se rió. —Te los devolveré mañana.

—No quiero que me los devuelvas —dije—. Lo dejo para siempre.

Él se volvió a reír, pero yo iba en serio. Nunca más volví a fumar.

Mientras pensaba en esa drástica decisión, comencé a refutar mentalmente el mensaje de mi pastor hasta que me di cuenta de algo: Me había preparado para ese poderoso momento de transformación durante ocho meses. Había dado pequeños pasos, la mayoría fueron intentos serios pero sin éxito, para dejar de fumar.

> ## Me había preparado para ese poderoso momento de transformación durante ocho meses.

Por ejemplo, intenté limitarme a un cigarrillo cada tres horas; esa decisión duró dos días. Corté los cigarrillos por la mitad, algo que tan solo me hizo querer más. Fumaba dos paquetes de mentolados para odiar el sabor, pero eso no eliminó mi ansia. No conocía mucho de Dios en esos días, pero oré pidiendo ayuda. Leí un artículo en *Reader's Digest* sobre dejar de fumar por los beneficios para la salud, pero el escritor solo decía que había de dejar de fumar pero no decía cómo.

Varios amigos me dieron consejos acerca de cómo dejar de fumar con éxito, aunque ninguno de ellos lo había hecho. Uno de ellos insistió en que mezclara pequeñas cantidades de tabaco con miel o mermelada y me lo comiera. Eso supuestamente garantizaba el que odiase la nicotina. No funcionó, aunque el experimento me dio náuseas. Masticar chicle no fue un sustituto. Mastiqué tanto chicle que no se me ha vuelto a antojar chicle desde entonces.

Destaco todos estos fracasos porque me ayudaron a hacer ese cambio drástico en mi conducta. Finalmente tuve éxito en lograr exactamente lo que había querido hacer durante meses. Esos fracasos no fueron verdaderos fracasos. Para los observadores, que lo dejara les pareció drástico y repentino, pero yo había estado preparando mi mente para el cambio.

Aunque había intentado varias estrategias, durante ocho meses no conseguí los resultados que quería. Sin embargo, el intentarlo me ayudó a enfocarme en lo que quería lograr. En vez de rendirme (como muchos hacen), los fracasos me empujaron hasta la victoria sobre mi adicción. *Los pequeños pasos sin éxito me mantuvieron enfocado en lo que quería lograr.*

Por supuesto, cada vez que fracasaba pasaba por un autocastigo y me culpaba por volver a fracasar. Pero pude pasar por eso recordándome que me había llevado al menos un año hasta hacerme adicto; probablemente necesitaba ese mismo periodo de tiempo para dejar de ser adicto.

Rehusé rendirme. Cada vez lo volvía a intentar de nuevo con una nueva estrategia. Y ¿no es ese el secreto para hacer pequeños intentos que llevan al gran éxito? Tenemos que seguir intentándolo.

Un fracaso no vale para mucho, pero varios fracasos en la misma cosa destacan nuestra seriedad en lograrlo. Nos recuerda que queremos ser diferentes.

En vez de condenarnos por no conseguirlo, quizá nos ayudaría si nos dijéramos: "De acuerdo, he aprendido una forma más en la que no funciona. Seguiré intentando nuevas formas". A veces solo pensamos en que queremos hacer algo. La prueba de querer hacer un cambio permanente se demuestra por la persistencia. Los repetidos intentos nos animan a saber que finalmente lograremos los resultados que queremos.

No me enfocaré en los pequeños fracasos. Los aceptaré como pequeños pasos hacia el gran éxito.

8

El cambio sucede

Vi RECIENTEMENTE EN TELEVISIÓN PARTE de una antigua película de 1940 con Betty Grable titulada *The Shocking Miss Pilgrim*. La fina trama, desarrollada a finales del siglo XIX, era acerca de la Sra. Pilgrim, la primera mujer en trabajar en una oficina. Fue contratada como máquina de escribir (aparentemente así es como llamaban en esos días a los mecanógrafos).

Gran parte de la historia se centra en torno al resentimiento de los hombres hacia tener una mujer en su oficina. Podían haber hecho más acerca de su disgusto con la actual máquina de escribir, la cual reemplazaba los documentos escritos a mano y dejaba sin trabajo a algunos de ellos.

Era una comedia ligera, así que sonreí. Después pensé en la llegada de las computadoras. Los problemas eran similares. Compré mi primera computadora, al que entonces llamábamos *procesador de textos*, porque eso era para lo único que prácticamente los usábamos, en 1983.

A principios de la década de 1980 no muchas personas estaban interesadas en aprender sobre ellos o en comprarlos.

"Me va bien con mi máquina de escribir eléctrica —me dijo mi secretaria—. Y además, esas cosas son muy complicadas". Era por el fastidio de tener que insertar y sacar unos disquetes enormes.

Así fue en el comienzo. Y en esos primeros tiempos muchos escribíamos más rápido a máquina que el software de WordStar o WordPerfect.

Diez años después, una mujer me dijo: "Dijeron que tenía que aprender a usar una de esas cosas de procesar textos, así que les dije que si no podía usar mi IBM Selectric, me podían despedir".

Ella perdió su empleo.

Desde entonces, los problemas han sido distintos, pero los cambios en todos los campos afectan a la contratación y el despido de personal.

Muchos recordamos cuando llegó el correo electrónico, y luchábamos con adicciones al cibermundo de Internet. Muchos podemos hablar de cuando compramos nuestro primer teléfono celular como un teléfono portátil y nada más.

Hay algo a donde quiero llegar: *Cambio. Cambio. Cambio. La vida cambia y seguirá cambiando.* Todos lo sabemos, pero me intriga la manera en que nos afecta.

Para algunas personas, especialmente para los últimos en adaptarse, el cambio les supone una amenaza. No lo dicen, pero les da miedo aprender algo nuevo, desaprender una manera de hacer las cosas o simplemente pensar de modo diferente.

Recientemente hice mi primer seminario por la web y comencé a usar Skype. Ahora estoy haciendo un blog, y eso le costó mucho esfuerzo a mi asistente hasta que yo accedí. Eso también se llama cambio.

Después están los entusiastas que ven el cambio como algo emocionante y positivo. Paul Price fue el primero que me habló acerca de un procesador de textos. Ensalzaba sus virtudes, y me dijo que las máquinas de escribir estarían obsoletas en una década. No conozco la precisión de su periodo de tiempo, pero Paul tenía razón.

Paul encarna a los que pueden ver no solo el futuro inmediato sino también lo que hay al final de la curva en la carretera. No solo ven el potencial obvio, sino que también perciben lo que hay más allá de él.

Pero ¿qué ocurre con los que quieren encerrarse en su oficina o encadenarse a los antiguos espacios de trabajo? Aunque se resistan al cambio, llegará igualmente.

Aceptaremos la mayoría de los cambios porque son inevitables. Piense, por ejemplo en los asientos de los automóviles, la televisión HD, las bombillas incandescentes y los automóviles con combustibles alternativos.

Esos cambios externos también nos empujan a aceptar los cambios internos. No podemos quedarnos igual.

*Los cambios se producirán. Puedo aceptarlos
ahora, o me veré obligado a aceptarlos después.*

9

Pequeños pasos, metas mayores

"PUEDO CAMBIAR. Puedo ser diferente".

Recordaré durante mucho tiempo las palabras que un hombre gritó a su mujer delante de mí. La pareja había acudido en busca de ayuda, aunque yo no me consideraba un consejero. Pero me caían bien, y ambos confiaban en mí, razón por la cual me pidieron ayuda.

—Ya he tenido suficiente —dijo ella calladamente—. Ya no me queda perdón para darte.

Siguió diciendo que le había perdonado innumerables veces por haberles maltratado a ella y a sus dos hijas durante los últimos nueve años. Y él, la verdad sea dicha, no negó que lo había hecho.

—Pero puedo ser diferente...

—Sí, claro, cambias, pero siempre es temporal.

Su conversación siguió durante algún tiempo. Después él se arrodilló delante de ella con lágrimas en sus ojos y le rogó "tan solo una oportunidad más".

—Esto ya lo has hecho antes...

—Pero esta vez...

Ella levantó su mano para detenerle.

—Demuéstrame una transformación *permanente*. En seis meses, si puedes demostrarme que realmente eres diferente, podemos hablar.

Se fueron poco después de eso. Él cumplió su palabra, durante casi cuatro meses, antes de volver a su conducta abusiva. Ella presentó el divorcio.

Relato esta historia porque él quería que las cosas fueran mejores. Él quería ser diferente, y lo intentó, pero sus esfuerzos no duraron. Creo que sé la razón: *quería ser diferente y a la vez seguir siendo la misma persona.*

Para la mayoría de nosotros, modificar permanentemente la conducta significa que dejamos de hacer algo o abandonamos actitudes que hemos tenido durante mucho tiempo. Eso puede incluir no hacer nada: ser pasivo o inactivo. Pero para ser diferentes se necesita algo más que el deseo.

- "No volveré a ponerme furioso otra vez".
- "No gastaré dinero sin consultarte".
- "No faltaré ni un día más al trabajo durante el resto del año".
- "Haré las cosas exactamente cuando prometo y no dos días después".

Para la mayoría de nosotros, modificar permanentemente la conducta significa que dejamos de hacer algo o abandonamos actitudes que hemos tenido durante mucho tiempo.

El intento de alterar nuestra conducta tiene que ser tan serio como el acto del cambio. Tiene que ser más que una promesa de no enojarse o decidir ahorrar dinero de cada paga.

Para que cualquier compromiso sea permanente, debe comenzar desde dentro, y debe ser una decisión. Eso no lo hace ser fácil, pero nos da una base interior firme.

Recuerdo cuando dejé de fumar, mucho antes de que se convirtiera en algo popular que hacer. Como dije, intenté varios métodos, y ninguno funcionó. Un día, decidí que ya era suficiente. Tuve que hacer algo que detuviese una forma de conducta y produjera un resultado diferente.

Así que lo dejé y nunca volví a encender un cigarrillo; y nunca deseé hacerlo. Otros han tenido experiencias similares con el fumar, perder peso, dejar el sarcasmo y el chisme, o hacer las tareas a tiempo.

Una razón por la que muchas buenas resoluciones fracasan es que intentamos alterar demasiadas cosas a la vez. Es como estar en tercer grado y leer la gigantesca novela *Guerra y paz*.

> Para que cualquier compromiso sea permanente, debe comenzar desde dentro, y debe ser una decisión.

En cambio, por lo general ganamos implementando pasos pequeños y graduales. Por ejemplo, yo soy una persona activa, con mucha energía, y solía trabajar siete días a la semana. Hace unos diez años, investigué cuando trabajaba en un libro acerca de vivir de modo saludable y la longevidad. En un estudio realizado por los Institutos Nacionales de la Salud y la Universidad Loma Linda, uno de los factores clave para vivir más tiempo y más sano era que la gente descansaba un día a la semana. Nada de trabajo; descanso total.[1]

Eso ha estado en el pensamiento judeocristiano desde el comienzo, pero pocos apartamos el tiempo con seriedad. Cuanto más investigaba, más evidencia encontraba que señalaba al hecho de que quienes se relajan durante veinticuatro horas cada siete días, de hecho llegan a ser más productivos y experimentan un mayor placer durante los otros seis días.

Me conocía lo suficientemente bien como para saber que para mí, cesar algo productivo durante todo un día a la semana era imposible. Pero creía que podría hacerlo mediante incrementos. Decidí el domingo porque íbamos a la iglesia ese día, y significaba que no hacía ningún trabajo hasta el mediodía.

Escogí deliberadamente leer durante una hora después de comer. Tras dos o tres semanas, aumenté ese tiempo a noventa minutos. Después aparté dos horas. Me llevó seis meses poder dejar de trabajar durante un día cada semana.

Para mi sorpresa, produzco tanto como producía antes, y los lunes ahora son distintos. En vez de quejarme por lo que no terminé el día antes, estoy listo para comenzar la nueva semana con un perspectiva fresca y la energía renovada.

Cuando queremos alterar nuestra vida, y la mayoría tenemos áreas que debemos modificar, la mejor manera es hacer pequeñas y fáciles adaptaciones, estar cómodo con ellas y pasar al siguiente incremento.

El método me funciona, y aún estoy aprendiendo. Lo que hice quizá no funcione para todos, pero estoy convencido de que el principio es bueno.

Para que el cambio sea permanente, me enfocaré en pequeños pasos que llevan a una meta más grande.

10

Replantear el hacer ejercicio

UNO DE LOS MAYORES REGALOS que me he hecho jamás fue comenzar un programa de ejercicio físico. Esa decisión cambió mi vida de muchas maneras. Nunca he hecho una dieta, pero después de seis meses de ejercicio disciplinado, perdí la masa de trece kilos del tamaño de un balón de baloncesto que tenía alrededor de la cintura. Mi presión sanguínea bajó.

Más que hacer ejercicio por hacer ejercicio, lo comencé como una manera de transformar mi estilo de vida. A menudo voy caminando a la biblioteca (como a un kilómetro y medio de distancia). ¿Por qué no ir por las escaleras en vez de tomar el ascensor? Mi regla dentro de un edificio es que si son menos de seis pisos, voy caminando. O ¿por qué no aparcar al final del estacionamiento del centro comercial? No solo hay más espacio, sino que me da la oportunidad de hacer un poco de ejercicio físico. Un amigo comenzó a ir en bicicleta para hacer los recados en vez de conducir su automóvil. La idea es incluir el ejercicio en nuestro estilo de vida. Con ese enfoque, podemos mantener el movimiento físico durante más tiempo.

Mantener la actividad, ese es el punto. Los programas que comenzamos después de comer excesivamente en Navidad no funcionan. La mayoría de los gimnasios se llenan en enero con nuevos miembros, y en febrero, un gran número de esos zelotes que lo arreglan todo rápido se han borrado. Nos damos a nosotros mismos un montón de razones por las que no continuar.

Para algunas personas, el ejercicio significa un remedio rápido para perder peso o ponerse en forma, pero pocas personas comienzan programas con la idea de mantenerlos indefinidamente.

Le hablaré de mí. Comencé mi ejercicio durante un tiempo de crisis. A partir de ahora me referiré a ello como "el vuelo blanco" y cierre de nuestra iglesia; eso fue lo que había que hacer, lo correcto, pero me abatió emocionalmente. Aunque sabía que había hecho lo correcto, un grupo de miembros me criticaron, y una parte fue extremadamente dura y me causó un gran dolor.

Había leído que el ejercicio físico es una forma maravillosa de alterar nuestro estado de ánimo, así que decidí hacer esa rutina. Me apunté a un gimnasio para hacer levantamiento de pesas (nunca vi incremento alguno de mi pectoral). Corría en la cinta y nadaba. Me gustaba nadar, pero la cinta era aburrida.

Finalmente, comencé a correr al aire libre. Fue entonces cuando formé una rutina de ejercicio diario y de por vida. Descubrí que me encantaba correr, y encajaba con mi temperamento y mi constitución corporal. No es para todo el mundo, pero a mí me funciona. Se produjeron en mi cuerpo cambios positivos. Lo mejor de todo fue que mi energía mejoró. Siempre he sido enérgico, pero mi programa de ejercicio me permitió mantener esa energía durante más tiempo.

El tipo de ejercicio no es tan importante como la rutina de hacerlo regularmente. Comencé corriendo cuatro días por semana y caminando tres. Soy afortunado porque no he tenido problemas de rodilla o de las tibias.

Hago todo esto porque cuando más necesitamos ejercitarnos es normalmente cuando menos ganas tenemos de hacerlo. Cuando la vida está en confusión o nos vemos ante el desastre, la tendencia es sentirnos deprimidos y letárgicos y convertirnos en unos vagos tirados todo el día en el sofá. Las crisis nos vacían emocionalmente, espiritualmente e intelectualmente. Podemos sentir ira o rabia contra las injusticias, pero el ejercicio parece caer hasta el fondo de nuestra lista de tareas.

> Cuando más necesitamos ejercitarnos es normalmente cuando menos ganas tenemos de hacerlo.

Se necesita bastante esfuerzo para levantarnos mentalmente si no estamos acostumbrados a mover nuestro cuerpo. Pero podemos aprender. Comencé uniéndome a un amigo en su spa de salud. Comencé a correr reclutando a otros cinco hombres. Corremos todos los sábados.

Incluso ahora, cuando estoy atascado en un proyecto, salgo a correr o a caminar deprisa tres kilómetros. Para mí, mover mi cuerpo me libera. A menudo no me suelo enfocar en el problema. De hecho, intento dejar que mi mente vague y piense en cualquier otra cosa. Al menos así es como empieza.

Mi filosofía es que cuando mi concienciación (mi conocimiento consciente) está funcionando, me siento atascado. Cuando pienso en otras cosas, la parte inconsciente de mí está libre para trabajar. Cuando esa parte de mí tiene la respuesta, se agranda en mi conciencia, y estoy listo para hacer algo. Mi mente subconsciente está trabajando mientras que mi mente consciente mira fijamente el camino que tengo por delante. Distrayéndome del problema, por lo general avanzo hacia su resolución.

Muchas mañanas, casi al terminar mi carrera, me enfrento a una pregunta en mi escritura: no estar seguro de qué hacer respecto a un capítulo o incluso un párrafo. Antes de regresar a casa, sin embargo, por lo general sé la respuesta. Escribir es lo que hago como medio de vida, pero estoy convencido de que este método funciona independientemente de nuestra ocupación o situación.

A veces, la mejor forma de conseguir dirección de nuestro interior no es buscarla. Dejar de intentar resolver el problema y permitir que Dios susurre una solución. Como no me gusta decir "Dios me dijo" y raras veces estoy seguro de que sea Dios quien está hablando, prefiero usar términos como la voz de mi intuición o la sabiduría interior.

Sabiduría interior y *voz de la intuición* quizá no sean términos adecuados, pero así es como me lo explico a mí mismo. En cualquier situación, cuando no sé qué hacer o mi mundo se ha vuelto caótico, sé que hay soluciones para mí. Puede que sea hacer algo pequeño, como una llamada de teléfono, escribir o enviar un correo. O la respuesta puede que sea esperar y relajarme.

La disciplina de un programa de ejercicio es una de las cosas más sabias que hago para mí mismo. Cuando comencé, no sabía cómo podría encontrar media hora para correr. Ahora corro casi una hora y no sé cómo podría vivir sin ir a pie.

Otro punto es que necesitamos encontrar el mejor momento para nuestro programa de ejercicio. A mi amigo David le gusta caminar con su perro a las dos y media de la madrugada, antes de irse a la cama. A mí me gusta despertarme alrededor de las cuatro y media y comenzar mi día con una carrera de ocho kilómetros. Es cuestión de encontrar nuestro propio ritmo y descubrir cuál es el movimiento físico que más nos gusta, así como el momento adecuado, el momento que mejor vaya con nuestro horario.

Los expertos hablan de la liberación de endorfinas durante el ejercicio. Yo no he hecho un estudio propio. Quizá eso es lo que ocurre. Pero esto es lo que sé acerca de los resultado de una rutina de ejercicio seria: estoy siempre más calmado y con más paz cuando termino.

Hago ejercicio regularmente; pero lo hago por algo más que por unos resultados físicos.

11

Hay que soltarlo

—Es tan solo un trabajo nuevo —me dijo Josh—. Mira, haré lo mismo que hacía antes, pero ganaré más dinero y tendré un trayecto diario al trabajo más corto.

Yo sonreí y me preguntaba si sería "tan solo" un nuevo trabajo. La tendencia para la mayoría de nosotros es minimizar los eventos cuando decidimos hacer cambios, especialmente aquellos que no meditamos durante mucho tiempo. La oportunidad parece buena, pensamos en ella y finalmente damos el paso. Si decidimos iniciar el cambio (en vez de vernos forzados a ello, como en la pérdida de un trabajo o una muerte), tendemos a minimizar la importancia de los finales.

—Tendrás que hacer algunos ajustes —le dije a Josh.

—Cosas pequeñas.

—Asegúrate de haber soltado tu antiguo trabajo —le dije.

Josh es un hombre que conecta bien con la gente. Yo tenía el sentimiento de que él había salido del edificio, pero no se había involucrado del todo en su nueva posición.

Josh me miró fijamente, se encogió, comenzó a alejarse... y dijo:

—Si hago que el término de mi antiguo trabajo cobre importancia, significaría que he cometido un error.

No me dio la oportunidad de responder, pero entendí lo que quería decir. Quería enfocarse en lo positivo y olvidar cualquier factor negativo del pasado.

Ojalá fuera así de fácil.

Josh pensaba que estar preocupado daría la impresión de que había cometido un error al cambiar de trabajo. O podría significa que debería haber hecho algo distinto. Yo sabía que, con el tiempo, el pasado le alcanzaría y tendría que volver a pensar lo que había hecho. Tendría que enfrentarse a un periodo de soltar.

Sin importar lo bueno que pueda ser el presente debido al cambio, necesitamos soltar las formas antiguas. Tenemos que apretar el botón de soltar para avanzar. Mientras comparemos la actual situación con la anterior, significa que no hemos soltado aún.

—Me gusta mi trabajo y es bueno, pero la presión es más fuerte —dijo Josh un mes después de cambiar de empresa—. Mi jefe puede ser un poco irritable, y con mi anterior jefe era muy fácil llevarse bien.

Josh no me dijo que había cometido un error, pero seguía aferrándose a *lo que había sido* y no podía apreciar totalmente *lo que es*. Comparaba lo viejo con lo nuevo.

Menciono esto porque soltar es vital para agarrar. Cuando nos vemos forzados a cambiar, la situación es peor y a menudo nos cuesta admitir que la vida a la que estamos entrando podría ser tan buena e incluso mejor. Si no soltamos, no podemos agarrar lo bueno del cambio.

Modificar o adaptar es algo extraño y a menudo confuso. "Uno no descubre nuevas tierras sin consentir perder de vista la orilla durante largo tiempo" es una cita atribuida a André Gide. Y así es como funciona.

El cambio no siempre es fácil, incluso cuando sea algo que queríamos y soñábamos durante años. La mayoría tendemos a minimizar el final.

Soltar es vital para agarrar.

- "No me trataron justamente".
- "Trabajé más que los demás de mi departamento".
- "Fue un error quedarme tanto tiempo como me quedé".
- "Debería haber hecho algo diferente como preparación para la salida".

Si el cambio fue forzado, como cuando una empresa se traslada y nos deja atrás o elimina muestra posición por recortes, a menudo parece que no hay nada bueno en la situación.

Nuestra tendencia natural es olvidar el trabajo pasado o las relaciones pasadas. Saltamos al nuevo papel o buscamos nuevas amistades o amantes, y cerramos el pasado. "No quiero pensar en eso —decimos—. Estoy alegre de que se terminase".

Pero no se ha terminado para la mayoría de nosotros. Recordamos las cosas que nos llevaron a ajustar nuestra vida. Quizá nosotros iniciamos la alteración, o quizá nos la impusieron. En cualquiera de los casos, quiero sugerir que hagamos una pausa y meditemos en esas experiencias pasadas.

Nuestra mayor tarea al hacer una carrera distinta, tomar un nuevo camino o ajustarnos sin tener a un ser querido es soltar el pasado. No tenemos que olvidar lo que era. En su lugar, tenemos que recordar que este es el ahora, y de este modo es nuestra vida, lo que algunos llaman "la nueva normalidad". Puede que el pasado hubiera sido maravilloso y feliz. Pero no es ahí donde vivimos ahora.

Para poder apreciar lo que tengo ahora,
tengo que separarme de lo que era antes.

12

¿Sintiéndose desencantado?

EL DESENCANTO ES PARTE DE la transición de lo antiguo a lo nuevo. Nos miramos a nosotros mismos, examinamos nuestra vida y nos sentimos como si donde estamos ahora se debiera principalmente al autoengaño.

- Pensaba que sabía quién era, pero estaba equivocado.
- Estaba seguro de que este era el trabajo soñado, pero me encaminaron mal.
- Estoy ganando más dinero, pero estoy disfrutando mucho menos de mi vida.
- ¿No hay algo más en la vida que esto?

Una pregunta que surge golpea el centro de nuestro ser: *Si no soy quien pensaba que era, ¿quién soy?*

Hace treinta años, mi amigo Tom era el pastor de una congregación conservadora. La mayoría de los miembros estaban horrorizados por el concepto del divorcio, especialmente entre los ministros. Tom decidió divorciarse de su esposa de más de veinte años (las razones no son importantes para el tema de este capítulo). Sentía que era lo correcto en este caso,

pero tuvo que hacer frente a graves conse-
cuencias. Supuso que los miembros de su
congregación pedirían su renuncia.

> ## Si no soy quien pensaba que era, ¿quién soy?

—Aunque lo hagan —dijo él—, no
puedo tolerar más el matrimonio.

Se había preparado para ser ministro y no había considerado seriamente ninguna otra ocupación en la vida.

—Esto es lo que yo soy —me dijo—. Y si no soy ministro, ¿qué soy?

Yo no tenía la respuesta, así que no dije nada.

—¿Acaso me he estado mintiendo toda mi vida? ¿Me he engañado al
creer que soy alguien que no soy?

Las preguntas seguían y seguían mientras paseábamos por la arena
junto al océano Atlántico.

Durante al menos media hora, Tom hacía las mismas preguntas; diferentes palabras pero los mismos asuntos. Se había desencantado de la vida.
Estaba seguro de ser un fraude y tenía la certeza de que todos sabían que no
podía vivir de acuerdo a la vida que profesaba.

He conocido a otros que han pasado por desencantos similares. A veces
se refieren a ello como estar *quemado*. "Es la hora de hacer un cambio", dicen.
Hablan acerca de sus grandes ideales y fuertes metas cuando comenzaron
un trabajo o una tarea. Estaban seguros de que tendrían éxito. Y a veces
lo tuvieron. Sin embargo, a veces el éxito no fue la respuesta, y en cambio
hicieron una pregunta.

"¿Es esto todo lo que hay?".

Yo he estado en ese lugar. Era el pastor de una iglesia metropolitana.
Durante los primeros seis años pensaba que podría quedarme allí el resto
de mi carrera profesional. Y lo decía en serio. Sentía que tenía la mejor

> ## "¿Es esto todo lo que hay?".

situación posible, como pastor de una
iglesia creciente, escritor que estaba
vendiendo libros y artículos, y profesor
adjunto de una universidad local.

Cerca de la mitad del octavo año, el desencanto, o la *inquietud*, me dio un golpecito en el hombro. Probé nuevos programas y varios tipos de alcance a la comunidad. Nos conocían como una congregación de gente que se interesaba. Cuando las organizaciones de la comunidad necesitaban ayuda, éramos los primeros a quienes acudían, y los miembros apoyaban esas cosas. Me gané el respeto de mis colegas y personas de la comunidad.

"¿Realmente es esto lo que quiero hacer?".

Reconocía esas cosas, pero las dudas crecían. "¿Realmente es esto lo que quiero hacer?". Sentía como si me hubiera vuelto mecánico en muchas de las cosas que hacía. Me preguntaba si era tan eficaz como podría ser. Y el desencanto progresaba.

Aunque era incapaz de entender lo que estaba pasando, mi inquietud me abrió la puerta para hacer otra cosa. No me gustaba cómo se estaba desarrollando mi vida. Hubiera preferido una percatación abrupta y poder decir: "Me gustaba lo que hacía. Ahora tengo una nueva búsqueda. Estoy listo para avanzar".

Pero no avancé.

La agitación aumentaba. Me enojaba por pequeñas cosas y me amonestaba a mí mismo por mi falta de entusiasmo. Nadie más parecía notar la diferencia, pero yo sí lo notaba.

Para mí, me costó más de un año hacer un cambio drástico. A menudo me preguntaba: *¿Qué anda mal? Me encantaba lo que hacía; entonces ¿por qué no me siento igual ahora?*

Solo retrospectivamente descubrí un principio importante en el conflicto de la vida: el desencanto es una condición necesaria antes de estar listos para cambiar.

Hasta que el desencanto llega, no estoy listo para hacer cambios.

13

La importancia de la búsqueda

"ME HUBIERA GUSTADO SABER QUÉ hacer —dijo mi amigo después de haber hablado durante casi treinta minutos—. Estoy cansado de no saber qué está por delante. Estoy agotado por la incertidumbre. Oro por claridad, pero nada viene".

Yo sentía que, dijera lo que dijera, no habría importado. Mi amigo tenía que solucionar sus propios asuntos, y yo no podía resolver su problema por él.

Después de nuestra conversación, volví a recordar muchas de sus palabras. Al principio sentí lástima por él porque conocía la agitación y confusión que había estado soportando durante la menos un mes. Era triste ver una persona normalmente feliz caminando por la vida abatido y deprimido.

Justo entonces, llegaron a mi mente una serie de preguntas.

- ¿Qué ocurriría si la búsqueda fuera tan importante como el hallazgo?
- ¿Qué ocurriría si él necesitara pasar por este tiempo oscuro?
- ¿Qué ocurriría si la incertidumbre hiciera que el futuro fuera aún más maravilloso por lo que debe soportar para llegar allí?

Mientras meditaba, me di cuenta de que no nos gusta la incertidumbre. Nos gusta ver las cosas claras. No podemos saber por qué, justamente cuando nuestro mundo parece estable y estamos experimentando nuestros mejores momentos, tropezamos con algún bache imprevisto. Se produce una desorientación.

- "No lo entiendo".
- "No comprendo".
- "Odio esta confusión".

- "¿Qué hice mal?".
- "¿Me merezco yo esto?".

> No nos gusta la incertidumbre. Nos gusta ver las cosas claras.

He dicho esas mismas palabras en medio de los conflictos de la vida. Muchas veces he pensado que podría aceptar las peores noticias posibles mientras supiera lo que estaba ocurriendo. *No saber* es el lugar de desasosiego y frustración.

Pero el problema de mi amigo llevó mi pensamiento en una nueva dirección.

- ¿Qué ocurriría si la búsqueda y la confusión son las maneras en que obtenemos perspectiva en nuestra vida?
- ¿Qué ocurriría si necesitásemos la búsqueda para descubrir nuevos caminos?
- ¿Qué ocurriría si esos "malos tiempos" fuesen los únicos caminos que tenemos para llevarnos a mejores tiempos?
- ¿Qué ocurriría si los malos tiempos fueran realmente los buenos tiempos pero no nos diéramos cuenta hasta después?

También me preguntaba si buscar y caminar por lugares oscuros era peor que seguir el mismo camino día tras día y nunca aventurarnos a algo nuevo.

El día después de que mi amigo se abriera, volvimos a hablar durante bastante tiempo. Gran parte de ello fue reciclar sus quejas y su enojo por el caos de su vida.

Finalmente dijo:

—Odio estos cambios constantes en mi vida. Quiero estabilidad.

—¿Estás seguro?

—¿Crees que esto es divertido?

—No, no lo creo, pero piensa en esto. Las cosas que quieres retener y los cambios que quieres impedir son precisamente las cosas que surgieron por cambios previos en tu vida. Y tú luchaste contra algunos de ellos también.

Él comenzó a objetar, así que repetí las palabras. Le conocía desde hacía nueve años, y le recordé algunos de los cambios positivos que había experimentado en su vida personal, su mundo empresarial e incluso la iglesia a la que asistía.

—Imagino que se me había olvidado —dijo.

—La búsqueda, el viaje o como quieras llamarlo, puede ser más importante que el resultado. Quizá necesitas la ansiedad para prepararte para aceptar lo nuevo.

Él sonrió y me dio las gracias.

—Cuando pase por el siguiente periodo de ansiedad en mi vida —dije—, espero poder contar contigo para que me recuerdes lo que yo te acabo de decir a ti. No me gustan los cambios, pero generalmente me suelen gustar los resultados.

Esas palabras me llevaron hasta donde había comenzado a reflexionar acerca de mi amigo.

La búsqueda no es tan importante como
el hallazgo: es más importante.

14

¿Quién le cubre la espalda?

CUANDO ESCRIBÍ UN LIBRO CON Matt Loehr titulado *Who's Got Your Back? Why We Need Accountability* [¿Quién le cubre la espalda? Necesitamos rendir cuentas], lo hice porque creía en los principios que Matt quería subrayar. La esencia del libro es que todos necesitamos a alguien que vigile nuestra espalda, o que nos respalde.

Algunos hablan de esas personas como *compañeros a quienes rendir cuentas*, y me gusta ese término. Si se hace bien, significa tener a alguien con quien poder abrirnos y que intenta entendernos.

Para mí, esa persona es David Morgan. Hasta que comencé a trabajar con Matt, Dave y yo nos llamábamos *amigos*. Pero usando la definición de Matt, hemos sido *compañeros a quienes rendir cuentas* durante treinta años.

Nuestra especial relación comenzó con una sencilla comprensión. Ninguno recordamos quién lo dijo, así que yo me llevaré los honores. Le dije a David: "Tú has sido el mejor amigo de todos, pero nunca *tuviste* un amigo íntimo".

Mientras hablábamos, ambos decidimos que queríamos ser los

mejores amigos, y fuimos gradualmente avanzando hacia convertirnos en eso.

Nos reunimos semanalmente (cuando es posible) durante una o dos horas y hablamos de lo que está ocurriendo dentro de nosotros. Intentamos abrirnos el uno con el otro lo máximo posible. Nuestra confianza y afecto se formaron lentamente. David una vez dijo que mi "amor irrefutable" le permitió abrirse conmigo.

Debido a esa experiencia y otras pocas más, soy un fuerte defensor de formar relaciones para rendir cuentas. Aquí están los tres factores que hacen que esto sea importante para mí.

Primero, *hablo frecuentemente con mi compañero a quien rendir cuentas acerca de las cosas que hay dentro de mí*. Debido a quién es él, David nunca se ha reído de mí cuando le he contado cosas de mí. Su aceptación me anima a "poseer" mis palabras. Mientras no las comparto verbalmente con otra persona, pueden ser importantes o muy importantes, pero no declaro la propiedad de ellas hasta que las declaro.

Por ejemplo, hace años le dije a Joan Wheatley, una buena amiga de Shirley y mía:

—Quiero escribir libros.

Yo comencé a reírme como si estuviera bromeando, pero ella dijo:

—¿Por qué no? Creo que podrías hacerlo.

Cuando comencé a escribir, que ella afirmara mi intención fue un poderoso motivador. Me había declarado tanto a mí mismo como mis deseos. Ahora ya no era un secreto ni algo escondido profundamente en mi corazón.

Compañeros a quienes rendir cuentas: Alguien con quien poder abrirnos y que intenta entendernos.

El segundo factor importante en una relación para rendir cuentas, es que *yo declaro un curso de acción y mi compañero a quien rendir cuentas me lo recuerda.* El recordatorio puede ser tan fuerte como la reprensión o tan gentil como un aliento, pero significa que pasaré a la acción o diré: "No puedo hacerlo".

Tercero, *mi compañero a quien rendir cuentas actúa como un "baño de realidad".* A veces pienso que veo las cosas con claridad, y David gentilmente me alienta comentando: "Esta es otra manera de interpretar eso...". Sin forzar ni insistir, me da su percepción. Por lo general, tiene razón.

A veces rebato sus palabras preguntando: "¿No me estás hablando más acerca de ti mismo que de mí?". Debido a nuestra larga amistad, podemos hablar así.

Por encima de todo, sé que David "me cubre la espalda". No estoy totalmente cómodo con esa frase; prefiero pensar en ella como que David me ama (como yo le amo a él) y quiere solo lo mejor para mí.

Cuando la vida no tiene sentido, cuando me veo atrapado en una situación y estoy demasiado emocional como para pensar con claridad, malinterpreto fácilmente palabras o significados. Como mi compañero a quien rendir cuentas es capaz de ser objetivo acerca de mi situación, puede ayudarme a conseguir la perspectiva correcta de la vida.

Tener la ayuda de un compañero a quien rendir cuentas significa tener a alguien que me haga ver que sí hay sentido cuando la vida no lo tiene.

15

Afrontar los rechazos

"No te lo tomes como algo personal", dijo mi amigo.

Yo le miré fijamente, y me preguntaba cómo podía no tomarme el rechazo como algo personal. Me había ocurrido *a mí*. Parecía fácil para él hablar así porque a él no le afectaba mi crisis. Yo estaba sangrando emocionalmente, y él me estaba diciendo cómo *no* sentirme.

Me habían rechazado. No era la primera vez en mi vida, pero ese hecho no hacía que fuera más fácil de aceptar. Y sucede probablemente lo mismo con la mayoría de nosotros. Los rechazos no son algo nuevo para ninguno de nosotros. Los experimentamos el día en que mamá tomó nuestro juguete favorito y se lo dio a nuestro hermano, cuando nos escogieron en último lugar en el parque, y cuando solicitamos un trabajo y la persona de recursos humanos sonrió con superioridad al ver nuestro currículum vitae.

Soy especialista en rechazos porque soy escritor profesional. Parte de la descripción de este trabajo incluye aprender a aceptar los rechazos, muchos rechazos, y la mayoría de nosotros nunca pasamos de ahí. Ocurre con cualquier persona que trabaje en ventas, y en cierto sentido, yo trabajo en ventas.

Para cualquiera de quienes vendemos libros, bienes raíces, ropa o pólizas de seguros, el principio es el mismo. Ninguno gana todas las veces. A veces el cliente dice no. O no conseguimos el ascenso que estábamos seguros de que recibiríamos. O escuchamos la palabra de moda *recorte*, y eso significa: "Me quedo sin trabajo".

¿Cómo puedo no tomármelo como algo personal?

He leído decenas de artículos y libros y he escuchado muchas clases acerca del rechazo, pero no me han ayudado mucho. Cuando alguien me dice no y es algo que yo quiero, eso *es* personal.

Como escritor, hice las paces con la despreciada palabra diciéndome en tono de broma que estaba vendiendo un producto (el manuscrito de mi libro), y que el editor no era lo suficientemente brillante como para sentir el valor de mi impoluta prosa. Eso me ayudó a despersonalizar la situación.

> Cuando alguien me dice no y es algo que yo quiero, eso *es* personal.

Aun así, tardé mucho, mucho tiempo en poder despersonalizar un rechazo. Parte de eso fue porque estaba intentado obtener un buen sueldo con mi borrador, y no recibir una aceptación era como un gran desvío de la autopista por la que yo quería ir.

Es personal. ¿Qué ocurre cuando el rechazo es algo que afecta a nuestro sustento? ¿Qué ocurre cuando necesitamos un préstamo y el banco dice: "Lo siento, no se lo puedo conceder"? ¿O cómo lo tomamos objetivamente cuando nuestro cónyuge, a quien amamos, quiere irse?

No conozco la respuesta a esas situaciones, pero puedo compartir mi experiencia al tratar con ellas.

Está bien sumirse en dolor, ofensa, ira, depresión o cualquier otra emoción que sienta. Está bien, durante un tiempo.

¿Qué hay de malo en sentir esas cosas que nos dañan? Vivir de verdad significa ser honestos con nosotros mismos.

En medio del dolor, hable con algunos amigos, los verdaderos amigos. Encuentre un hombro o dos en los que recostar su cabeza. Un abrazo. Una palabra de ánimo y empatía.

Llega el tiempo en que necesitamos sobreponernos a la autocompasión (y realmente es eso). Hemos admitido que fallamos o que no conseguimos lo que queríamos. Ahora ¿qué hacemos?

Puedo responder de dos formas.

Primero, *debido a mi fe en Dios, me doy cuenta de que he estado en situaciones tan malas o peores, y mi fe me ha sostenido.* Lo conseguí en el pasado, y puedo hacerlo en el presente.

> Vivir de verdad significa ser honestos con nosotros mismos.

Cuando mi vida no tiene sentido, tengo una frase que me digo a mí mismo, y funciona: "¿Quién soy yo para pensar que debería ser inmune?".

Algunas personas parecen creer que si creemos en Dios, eso nos separa de otros que han tenido mala fortuna. O suponen que si somos rectos moralmente, no sufriremos injusticias.

No estoy de acuerdo con esa actitud. Mi fe está en un Dios que no me escuda del caos sino que está conmigo durante el caos.

Segundo, *puedo acudir a mi experiencia.* Si sobreviví al rechazo en el pasado, y lo he hecho, puedo sobrevivir a esto.

En el pasado puede que fuera no haber tenido cabida en el partido o perder una elección para delegado de clase. En nuestros años adolescentes, la persona con la que queríamos salir nos rechazó, quizá incluso se rió de nosotros, pero sobrevivimos. Podemos volver a hacerlo esta vez.

Haber sobrevivido a los rechazos y planes fallidos del pasado me asegura que puedo manejarlos en el presente.

16

Allanando el camino

Durante el periodo de "el vuelo blanco", yo era el pastor de una iglesia en el centro de la ciudad. Cuando los miembros de la iglesia hablaban de qué hacer, afirmaban que se quedarían y se integrarían en las escuelas, vecindarios e iglesias. Creo que lo decían en serio, pero no pudieron cumplir sus promesas. La mayoría de ellos se mudaron en un periodo de tres años.

Durante ese tiempo, aprendí a saber cuándo las personas iban a irse de la comunidad mucho antes de que dijeran nada. No estoy seguro de que fueran conscientes de ello antes que yo.

La primera señal era una queja o una nota de descontento. "¿Se ha dado cuenta de cómo son las personas de color...?". A veces no decían una frase étnica, pero sus voces lo daban a entender. Sus comentarios variaban, pero todos se reducían a dos cosas: las nuevas personas en la comunidad no tenían los mismos valores que ellos, y ellos mismos no estaban dispuestos a ajustarse a las nuevas personas.

Una vez que los miembros articulaban sus quejas, por lo general tardaban dos o tres meses en poner un letrero de SE VENDE en su casa.

Menciono esa historia antigua para señalar que nosotros por lo general allanamos el camino para el cambio por las cosas que pensamos o decimos. La nueva dirección ya está puesta mucho antes de pasar a la acción. Las cosas a menudo han estado funcionando dentro de nosotros mucho antes de que fuéramos conscientes de ellas.

Por ejemplo:

- Perdemos en entusiasmo por nuestro trabajo.
- Nos volvemos críticos con los compañeros de trabajo o con nuestros vecinos.
- Guardamos silencio acerca de la infidelidad de nuestro cónyuge durante diez años, y después comenzamos a hablar de sus terribles caminos.

Mostramos nuestro descontento diciendo cosas como:

- "Me encantaba trabajar para mi empresa y sentía que iba a estar ahí durante el resto de mi vida laboral. Pero me decepcionaron".
- "Siguen añadiendo responsabilidades a mi trabajo y no me dan más dinero".
- "Mi cónyuge me traicionó, y no podía seguir viviendo con ello".

Mientras escribía las palabras de arriba, pensaba en algo que dijo mi amigo David Morgan hace años. Él enseñaba un curso para profesionales sobre cómo ayudar a las personas a lidiar con el divorcio. Una de las primeras cosas que dijo fue que, en su experiencia, por lo general pasaban unos dos años desde que los individuos comenzaban a pensar en el divorcio hasta que pasaban a la acción. (Supongo, como ocurre con todo lo demás, que el proceso es más rápido en estos días).

En pocas palabras, algo ocurre que perturba nuestras vidas o nos hace estar resentidos, y queremos cambiar pero no estamos listos. Puede que ni siquiera estemos listos para afrontar la realidad. La expresión de nuestros pensamientos podría ser nuestra manera de decirnos lentamente: *Quiero que las cosas sean diferentes.*

Probablemente no somos ni siquiera conscientes de que esté ocurriendo nada, al menos nada específico o concreto, y a la vez esa parte inconsciente de nosotros puede estar haciendo una preparación interna durante semanas o meses antes de que nos demos cuenta de que queremos hacer algo diferente.

De nuevo, aludo a mis años como pastor. Me gustaba ser pastor. La mayoría de los días me levantaba de la cama segundos después de despertarme. No podía esperar a salir de la casa y hacer las cosas que tenía programadas. Durante doce de mis catorce años seguí sintiéndome así. Pero algo comenzó a ocurrirme en medio del duodécimo año. Quizá usted lo llame *agotamiento* o *descontento*, pero no había nada negativo que yo pudiera señalar. Aún éramos una congregación vibrante y creciente.

Pero un día, cerca del decimotercer año, comencé a preguntarme: ¿Es esto lo que realmente quiero hacer?

A veces me he preguntado: *Aún me quedan muchos años de vida laboral. ¿Es aquí donde quiero estar hasta que me jubile?*

Se me presentaron varias oportunidades para irme a iglesias mayores, pero eso no me atraía. "Quinientas personas es lo máximo de personas a las que puedo abrazar —dije—. Y ya tengo esa cantidad ahora".

Me di cuenta de que había perdido un poco de entusiasmo por los nuevos proyectos. Unas cuantas veces me oí decir: ¿Estoy marcando la diferencia?

Eran buenas preguntas... todas ellas impulsos callados e internos que nos empujaban a Shirley y a mí más cerca de la conciencia de que algo tenía que cambiar. E incluso más que ese "algo", finalmente nos enfrentamos a lo que teníamos que hacer.

Cuando ese "algo" llega al nivel de la consciencia, estamos listos para pasar a la acción. Pero muchas personas quieren seguir adelante, truncar el tiempo y moverse más rápidamente.

Cuando estamos listos, parece que intuitivamente parecemos saberlo. Ese es el momento correcto para hacer un cambio.

Escojo ir por una dirección diferente cuando estoy listo. Y cuando estoy listo, algo dentro susurra: "Ahora es el momento".

17

El camino detrás de nosotros

HACE AÑOS LEÍ ALGO QUE sonaba similar a esta frase: El cambio es el camino que hay por delante; el cambio es también el camino que queda atrás.

Tuve que pensar en estas frases durante un tiempo, especialmente con el camino que queda atrás. Después lo resolví. Llegamos a las encrucijadas de la vida; todos lo hacemos en infinidad de formas. A veces, esos puntos de decisión son extremadamente dramáticos, como qué trabajo aceptar, con qué persona entablar una relación, dónde vivir o a qué organización unirnos.

Llenamos nuestra vida con otras veces en las que nos desviamos de donde nos dirigíamos. A menudo son pequeñas decisiones, que en ese tiempo nos parecen insignificantes pero a menudo tienen efectos a largo plazo. Como son pequeñas, les prestamos poca atención y no nos damos cuenta de que estamos cambiando.

Destaco esto porque frecuentemente oigo a personas quejarse de que las cosas no son como solían ser. ¡Claro que no lo son! La vida no es algo estático, ni tan siquiera para los que hacen trabajos mecánicos y rutinarios durante ocho horas al día.

También creo que muchos de esos recuerdos son incorrectos. Nos hacen recordar lo bueno del pasado y olvidar la angustia y el dolor de esos días. Al margen de eso, cada día tomamos decisiones.

Cuando escribí *90 Minutos en el cielo* con Don Piper, dejamos claro que el accidente que mató a Don le llevó al cielo. Después, él regresó a la tierra. Todo ese evento ocurrió porque Don tomó una decisión que, superficialmente, parecía insignificante.

Don había asistido a una conferencia y decidió tomar otra carretera distinta de regreso a Houston.

"Había dos formas de regresar a Houston... Tuve que elegir si conducía pasando por Livingston y tomando la autopista 59 o dirigirme al oeste hacia Huntsville y tomar la I-45, a menudo llamada la Autopista del abismo... Cualquier opción está probablemente a la misma distancia... Esa mañana decidí tomar la Autopista del abismo".[2]

Ese sencillo giro del volante alteró el curso de su futuro. La historia es extremadamente dramática, pero el principio se aplica a cada uno de nosotros cada día. A menudo hablamos de coincidencias, accidentes, tiempo peculiar o eventos inesperados, pero la mayoría de las veces alteramos nuestro mundo mediante una combinación de pequeñas cosas que hicimos en el pasado.

Ahora mismo puede que la vida no tenga sentido. Podríamos incluso preguntarnos: ¿Cómo me metí en este lío? O quizá nos preguntemos: *¿Qué hice yo para tener tanta suerte?* No podemos ver el futuro, pero nuestras actitudes y acciones pasadas nos preparan para el futuro. Una gran razón por la que estamos donde nos encontramos ahora es porque lo decidimos: sabiamente o neciamente. A veces ni tan siquiera nos damos cuenta de que estamos tomando decisiones.

Hace años, Betty Stewart me dijo que se torció el tobillo en la

> Alteramos nuestro mundo mediante una combinación de pequeñas cosas que hicimos en el pasado.

acera. No se hizo daño, pero se le rompió el tacón de su zapato. Mientras se preguntaba qué hacer, miraba a su alrededor. Dos puertas más a su izquierda había una tienda de reparación de calzado. Había pasado por allí durante más de un año y nunca se había percatado de que estaba ahí.

Entró. Mientras esperaba a que el hombre reparase su zapato, un joven entró para poner suelas a sus zapatos. Reconoció a la mujer como alguien que trabajaba en su edificio. Comenzaron a charlar.

Seis meses después, Betty se casó con ese hombre. Un pequeño incidente como perder el tacón de un zapato cambió su vida.

Constantemente nos enfrentamos a riesgos y aventuras. Pero más frecuentes son las aparentemente insignificantes decisiones que fuertemente determinan nuestro futuro. Aunque es una historia demasiado larga como para contarla aquí, hoy soy un cristianos serio simplemente porque me detuve delante de una librería en Waukegan, Illinois, y me fijé en un libro usado que captó mi atención. Compré ese libro, y eso me llevó a leer la Biblia, lo cual lanzó a un marinero agnóstico hacia una búsqueda espiritual. No había entrado a una iglesia desde que tenía once años.

Las pequeñas decisiones a menudo producen resultados dramáticos. Gran parte de lo que reside detrás de mí me prepara para lo que hay por delante.

18

Haciéndonos resistentes

CUANDO TENÍA CUARENTA Y CUATRO años, mi padre murió de un derrame cerebral. El día de su funeral, mi hermano mayor murió de cáncer. Yo sabía que Ray estaba enfermo, pero no sabía lo cerca que estaba de la muerte.

Los seis hermanos restantes estábamos en la casa familiar y una de mis hermanas preguntó:

—¿Quién se lo va a decir a mamá?

Mi madre era una de esas personas que lloraba casi por todo, así que era una prueba muy importante para nosotros.

—¿Cómo creen que ha llegado a esta edad? —pregunté yo—. Ya ha lidiado con cosas así antes.

—Entonces tú se lo dices —dijo mi hermana Evelyn.

No era eso lo que yo quería decir, pero accedí a hablar con mamá. Le llamé junto a mí y le conté lo de Ray. Ella asintió, se fue, y entró en su dormitorio. Quizá unos treinta minutos después, salió y parecía bastante normal.

Mientras la miraba fijamente, entendí. Mamá era resistente. Tenía la capacidad de afrontar el horror de dos muertes: su esposo durante más de sesenta años y la muerte de su primogénito de cincuenta y tres años.

Resistencia. Es la capacidad de recuperarse, de aceptar las peores noticias, y continuar.

En ese momento yo no me consideraba *resistente*, una palabra que reservaba para los que se enfrentaban a las condiciones más catastróficas y sobrevivían. Esas personas duras, fuertes, que experimentaban terremotos, bombardeos y hacían frente a la muerte, y aun así no parecían abrumadas.

Ese día, mientras veía a mi madre, entendí que ella tenía la dureza de la resistencia, la capacidad de aceptar lo que no podemos cambiar y no sucumbir ante ello. Es una fortaleza interior.

¿Y cómo desarrollamos esa fortaleza? Viviendo cada día y levantándonos después de cada aparente derrota.

Resistencia— la capacidad de aceptar lo que no podemos cambiar y no sucumbir ante ello.

Mi madre se había convertido en una cristiana fuerte, y ciertamente su fe le permitía soportar. Y creo que es entonces cuando la fe se convierte en lo más importante: cuando la vida se desmorona. Algunos pasan por un divorcio doloroso, o la decepción de alguien al que previamente consideraban un amigo. Quizá una petición de un préstamo para comprar una casa se rechazó. O un automóvil se estropeó del todo, o se vio involucrado en un accidente grave.

Es entonces cuando la fe tiene sentido. Es entonces cuando nos damos cuenta de que necesitamos ayuda y clamamos a un poder más allá de nuestra propia capacidad. Si clamamos y confiamos en el amor de Dios en nuestros tiempos difíciles, sobrevivimos y formamos resistencia.

La persona más resistente con quien jamás he trabajado es Don Piper. La mayoría de las personas conocen el libro que hicimos juntos: *90 Minutos en el cielo*. Después de que Don regresara a la tierra, soportó treinta y cuatro operaciones. Vive con dolor cada día. No puede doblarse como la mayoría de las personas. Podría seguir con la lista de sus traumas físicos. Ninguno de ellos parece frenarle.

Nuestro libro salió publicado en otoño de 2004. Desde entonces, Don ha tenido más de doscientas citas como orador cada año. Y sí, a veces está agotado, y ha tenido que cancelar algunas veces porque está exhausto. Pero tres o cuatro días después, está de nuevo en la carretera. Eso es una dureza que no veo en mucha gente.

Don y mi madre hacen que un principio sea obvio para mí. La mayoría de nosotros oramos y anhelamos que la vida sea fácil, y yo no soy ninguna excepción. Odio los reveses y las pruebas. Si sobrevivimos a las decepciones, y lo hacemos, cada una de ellas nos fortalece para la próxima, la cual será probablemente un poquito más grande.

Eso es resistencia: la capacidad de caer en los hoyos más profundos, salir de ellos, y continuar bailando por el camino incierto hacia delante. Claro, volveremos a caer, pero hemos aprendido a gatear, trepar, caminar o correr porque rehusamos rendirnos. En el proceso de aprendizaje, nos hemos vuelto más maleables y flexibles.

La vida no siempre tiene sentido, y no tenemos explicaciones para las decepciones o los reveses; sin embargo, podemos ser más fuertes y duros que antes de que la confusión invadiera nuestro mundo.

Si sobrevivo a las pruebas, la resistencia es la paga.

19

Entender el dolor

LA MAYORÍA DE NOSOTROS INTENTAMOS buscar el sentido a nuestro dolor, tristezas y pérdidas. En mi opinión, nadie ha hecho esto mejor que el superviviente del Holocausto Viktor Frankl en su libro de 1946, *El hombre en busca de sentido*. Aún en impresión, el libro toca a muchas personas porque Frankl describió la falta de humanidad y el sufrimiento que había a su alrededor. Pero incluso más que eso, lidió con la demencia del régimen nazi. Aunque las personas a su alrededor morían cada día, él encontró sentido y propósito.

Cuando los prisioneros en el campo de concentración tenían esperanza, algo con que soñar y para pensar, como reunirse con algún ser querido, sobrevivían a los castigos más insoportables. Cuando se enteraban de que sus esposas o hijos estaban muertos, sin embargo, se llenaban de desesperación y morían poco después.

Frankl encontró sentido al dolor y el sufrimiento humano mirando más allá en busca de mejores tiempos futuros. La mayoría queremos encontrar sentido a lo que sucede a nuestro alrededor, pero no podemos entender algunas cosas, como el dolor emocional, la injusticia o la despiadada pérdida de la vida.

Lo peor es cuando se producen los conflictos de la vida y no podemos encontrar sentido a nuestras situaciones. Nos sentimos confundidos porque hemos intentado vivir según ciertos principios y ser fieles a lo que creemos, y a la vez el caos nos envuelve. Pensamos:

- *Si trabajo mucho, mi jefe me apreciará, y siempre tendré este trabajo.*
- *Si soy fiel a los que me aman, viviremos juntos en felicidad y tranquilidad.*
- *Si me cuido, viviré una vida larga y saludable. Me evitaré la enfermedad.*
- *Si soy una buena persona y trato bien a la gente, tendré una buena vida.*
- *Creo firmemente en Dios, así que tendré una vida feliz y bendecida.*

Pero a veces las decepciones y los reveses llegan de igual manera. La vida nos sorprende: nos golpea y confunde. Pensamos que hemos descubierto la manera de sortear los problemas y que podemos, por tanto, conducir libremente por el camino hacia el contentamiento. Es entonces cuando nos encontramos con otro BI: bache inevitable, esos cambios o retos inesperados y por lo general no deseados que nos fuerzan a tomar un camino diferente. Sin embargo, tristezas, decepciones, traición, toda forma de dolor, nunca se detienen.

¿Cómo respondemos? ¿Dejamos de intentar descifrar esas cosas o dejamos de trabajar durante la angustia? Probablemente no; podemos aprender a crecer mediante el proceso.

Pensamos que hemos descubierto la manera de sortear los problemas y que podemos, por tanto, conducir libremente por el camino hacia el contentamiento. Es entonces cuando nos encontramos con otro BI: bache inevitable.

Eso es lo bueno de entender el sufrimiento y las pruebas. En el proceso normalmente no recibimos impresionantes revelaciones propias, tenemos momentos de iluminación espiritual o descubrimos por qué las calamidades nos golpean. En cambio, perseveramos incluso cuando no tenemos la más ligera idea de cómo o por qué se producen tales cosas. En el proceso nos hacemos más fuertes haciendo frente a la agitación. Y cuando nos hemos hecho más fueres al levantarnos y seguir luchando, el entendimiento comienza a filtrarse.

No puedo explicar las razones por las que algunos tienen más sufrimiento y obstáculos que otros o por qué otros parecen (al menos exteriormente) vivir con menos problemas.

Finalmente he aprendido a dejar de intentar encontrar sentido a las cosas que se escapan de mi control. La vida *es* conflictiva y confusa. Algunas cosas no tuvieron sentido en el pasado, y no lo tienen treinta años después.

Para mí, basta con saber que no tengo que enfocarme en toda la angustia y tristeza. Como Frankl y otros, me doy cuenta de que hay más en la vida que intentar resolverla.

Me digo a mí mismo regularmente: "Esto es lo que es". No tengo que entenderlo o encontrarle sentido. Puedo decidir vivirlo.

Recientemente leí estas palabras de un autor desconocido, y me identifico con ellas: "El sufrimiento colorea toda mi vida, pero yo puedo escoger el color".

No entiendo el dolor; no entiendo el sufrimiento.
Pero estoy vivo, y mi vida tiene sentido.

20

Parece la muerte

"PARECÍA LA MUERTE, Y LO era —dijo ella, y sus ojos se humedecieron—. Después de catorce años, nuestro matrimonio murió, aunque ahora me doy cuenta de que había estado terminalmente enfermo durante al menos dos años".

Ella me dijo que había llorado, rogado y presentado todos los argumentos posibles para impedir que él la dejase. Como con cualquier otra experiencia traumática, se sintió separada de su antigua vida y alienada de las cosas que había llegado a valorar.

—Parecía que no tenía nada a lo que aferrarme y nadie a quien le importase —dijo ella—. Eso no era cierto, pero así es como me sentía.

Siguió diciendo que el hecho de que él la dejara le parecía el "repiquetear de la muerte", y el término final llegó con los papeles del divorcio.

—Mientras miraba atrás y esperaba que pudiéramos encontrar una manera de arreglar las cosas o que él me rogara que le perdonara —decía ella—, yo estaba negando la finalidad de la situación.

Tras unas semanas de parálisis y escasez emocional, ella se dijo para sí: *Es el momento de volver a vivir. Estaba muerta, pero ahora estoy viva.* Cuando aclaró su mente y se involucró de nuevo en la vida, pudo integrar el cambio.

Mentalmente aplaudí a mi amiga. Ella no quería perder a su esposo durante catorce años, pero cuando fue una realidad, lo aceptó y dio el siguiente paso. Estaba decidida a seguir adelante con su vida. Ese fue un paso drástico de valor.

Hablamos largo y tendido, y casi al final de nuestra conversación ella me preguntó:

—¿Por qué me costó tanto aceptar la muerte del matrimonio? Con toda honestidad, sabía que era inevitable años antes de que ocurriera...

—Pero no estaba preparada para afrontarlo, ¿no es cierto? —le pregunté.

Ella miró fijamente al espacio un largo rato, antes de decir:

—No quería aceptar la verdad. Hacerlo significaba que yo había cometido un error, muchos errores. Dijo que hubiera sido fácil culparle a él y decir a sus amigas lo corrupto que era como persona.

—Pero no lo hice. Me enfrenté a la realidad de que ambos habíamos contribuido a la muerte de nuestro matrimonio.

—Todo en este mundo muere —dijo uno de mis cínicos amigos.

Y tiene razón. La muerte es un gran factor de la vida. Además de la muerte de un matrimonio o la muerte física de seres queridos, está el final de un trabajo mediante la jubilación, recortes o la incapacidad de estar al día con la innovación. Cuando nos damos cuenta de que la pérdida es parte de la vida, puede ayudarnos a disfrutar más de la gente y de las relaciones mientras las tenemos.

Mi amigo Barry Spencer sabía que su padre se estaba muriendo. Aunque Barry vivía en otro estado, volaba a casa al menos dos veces al mes para pasar unos días seguidos con su padre. Hablaban, y Barry le hacía a su padre innumerables preguntas. "Realmente quería conocer a mi padre", me dijo.

La inminente muerte de su padre hizo que Barry se diera cuenta de que quería que sus últimos días juntos fueran significativos. Si no hubiera sido por las alarmantes señales de la muerte, como el ataque al corazón, la operación de bypass y el trasplante de corazón, él no habría estado tan interesado por conocer a su padre.

La muerte llega de muchas formas, pero también es parte de la vida.

Cuanto más entiendo acerca de la muerte, más abrazo la vida.

21

Las personas adecuadas llegan

"Perdí mi trabajo y encontré mi verdadera pasión en la vida —dijo el hombre delante de la cámara de televisión— . Ahora soy más feliz que nunca".

Siguieron otros tres, diciendo que estuvieron deprimidos y preocupados hasta que se convirtieron en lo que siempre habían querido ser. Todos ellos habían empezado pequeñas empresas que tuvieron éxito.

Mientras escuchaba, me preguntaba por las personas que no son empresarios y no tienen la gran pasión de abrir una tienda que venda solo cupcakes y quiches. ¿Qué ocurre con esas personas que simplemente quieren trabajar para llevar dinero a casa y disfrutar de sus vidas?

Otro segmento del programa hablaba acerca de quienes se convirtieron en voluntarios mientras esperaban que llegasen oportunidades de trabajo. Gran idea, pero eso tampoco es para todos.

Cuando las buenas personas que trabajan fielmente en sus empleos se ven sin la capacidad de comprar comida, de pagar los servicios y hacer frente a los pagos de la hipoteca usando sus escasos ahorros y beneficios del desempleo, ¿qué pueden hacer?

No lo sé.

Cada uno tiene que resolver eso.

Yo me vi atrapado una vez en esa situación de desempleo y no sabía qué hacer. Había sido pastor de una iglesia en medio de un vecindario étnicamente cambiante. Los miembros de la iglesia no podían abrir sus brazos y corazones a los recién llegados, y muchos de ellos encontraban razones para irse de la comunidad.

Yo forcé a los ancianos de la iglesia a tomar una decisión. "O pintamos o nos bajamos de la escalera. Si nos bajamos de la escalera, entregamos las brochas a otros".

Tras seis meses, estuvieron de acuerdo conmigo. Entregamos las instalaciones a una congregación afroamericana, y nos dispersamos. Eso me dejó sin trabajo. Ellos votaron amablemente pagarme mi salario durante un año, pero aún así yo seguía sin tener una posición.

Tuve un trabajo a tiempo parcial con nuestra denominación que me llevaba unas dos horas a la semana, pero para mí realmente no era un trabajo. Aparte de hacer todo lo habitual para intentar encontrar un nuevo trabajo, fui por la ruta del autoexamen.

Justo entonces mi vida no tenía sentido. Odiaba la situación en la que estaba, aunque la iglesia había hecho lo correcto conmigo.

No tuve mucho apoyo de los amigos y compañeros. Oí mensajes y palabras de ánimo muy trillados. Muchas de las personas que yo esperaba que me apoyarían desaparecieron de mi vida. Los estímulos llegaron de personas inesperadas, personas a las que casi no conocía.

Por ejemplo, un antiguo compañero de clase, un hombre con quien había hablado quizá tres veces durante los años de la universidad, me estuvo enviando por correo una nota de ánimo cada semana durante un año.

Otra vez, justo cuando llegué a la puerta de la biblioteca de la universidad, un profesor a quien conocía solo de vista me llamó por mi nombre. Estrechó mi mano y dijo:

—Me he enterado de tu situación y quiero que sepas que me importa.

Yo era escéptico hasta que escribió su número de teléfono en un trozo de papel y lo metió en el bolsillo de mi camisa.

—Si no me llamas, te llamaré yo.

Dos semanas después llamó. Después de eso, cada viernes por la mañana estuve recibiendo una llamada de teléfono de él durante varios meses.

> Muchas de las personas que yo esperaba que me apoyarían desaparecieron de mi vida. Los estímulos llegaron de personas inesperadas, personas a las que casi no conocía.

Esos actos de bondad inesperados por parte de individuos inesperados llegaron a menudo para animarme. Y sin embargo, a pesar de su estímulo, mi situación no tenía sentido. Había hecho lo que consideraba que era honorable hacer al animar a nuestra iglesia a cerrar. Sigo estando convencido de que fue la decisión correcta. Lo que no entendía era el estrés interno por el que yo pasaría. Cinco meses después de mi "nueva normalidad", me encontraba en la cama de un hospital durante dos días por una úlcera.

Ese es un ejemplo de intentar encontrar el sentido cuando la vida no lo tiene. Aprendí de mi experiencia (a pesar de la úlcera). Me vi obligado a evaluar mi vida. Una de las preguntas que me hacía todos los días era: "¿Es esto lo que quiero hacer con el resto de mi vida?".

Había comenzado en una dirección, y tenía que decidir si quería desviarme de eso. Como la oración es una parte importante de mi vida, oraba fervientemente y a menudo cada día. No oí hablar a Dios ni recibí ningún milagro, pero crecí.

En menos de un año, recibí una llamada para ser pastor de una iglesia donde permanecí, felizmente, durante una década hasta que lo dejé para escribir a tiempo completo.

Pero no sabía que tendría un final feliz. No sabía lo que me esperaba por delante. Sabía que sobreviviría, y unas cuantas personas especiales, incluidos mi esposa, mi antiguo compañero de clase y un profesor, estuvieron ahí para que yo pudiera apoyarme en ellos. Eso, en sí mismo, fue una lección poderosa. Me vi forzado a acercarme a otros porque no podía manejar el dolor emocional yo solo.

Y llegaron las personas adecuadas.

Las personas adecuadas, las personas que necesitamos en el momento, siempre llegan.

No puedo escoger mis circunstancias;
no puedo escoger a quienes me apoyarán.
Pero puedo apreciar a las personas que
se interesan por mí en mi dolor.

22

Nuestros amigos
que sufren

EL PEOR MOMENTO DE MI vida profesional ocurrió durante el periodo de "el vuelo blanco" que he mencionado previamente. Me convertí en el pastor de una congregación bastante próspera cuando los líderes insistieron en que yo era el único que podía hacerlo porque

- "Tú viviste en África". ("Los africanos no son iguales que las personas de color americanas", protesté, pero no me escucharon).
- "Manejaste bien la integración en tus anteriores congregaciones". (Cierto, pero eran blancos pobres o ancianos o que no se podían mudar).
- "Eres innovador y creativo". (Las palabras aduladoras me sedujeron).

Al término del segundo año en la nueva iglesia, estaba desanimado y me preguntaba qué estaba haciendo en una isla blanca en medio de un mar de color.

Un día confié en Joe, otro pastor. Su iglesia, como contraste, prosperaba. Muchos de los voladores blancos se unieron a su congregación, que estaba solo a ocho kilómetros de nosotros, pero eso no fue ni culpa suya ni mía.

Estábamos fuera de mi garaje un día cuando más desanimado estaba yo. Para mérito suyo, Joe escuchó mis quejas y confusión. Hasta esa experiencia, en todo lo que había probado había tenido éxito. Confiaba en mi capacidad, y tenía pocas dudas acerca de lo que podía hacer. Después de visitar a los afroamericanos de nuestra comunidad, una familia de color se unió a nuestra iglesia y otros tres niños asistían regularmente a la escuela dominical. Mientras tanto, la membresía caucásica menguaba lentamente. Varios miembros me informaron de que si seguían llegando más personas de color, se irían.

Yo no tenía manera alguna de ganar. Y le conté todo eso a Joe.

Cuando finalmente dejé de hablar, Joe puso su mano sobre mi hombro derecho. Pude ver la compasión en sus ojos.

—Cuando todo esto se acabe, un día podrás mirar atrás y verlo como un poderoso tiempo de crecimiento.

Yo asentí, pero pensaba: ¿Crees que no lo sé? Pero no me importa el futuro ni tan siquiera el mes que viene. Estoy mal ahora. ¡En este instante!

Comenzaron los clichés y Joe continuó durante veinte minutos. Debió de citar como una decena de versículos. Yo no podía refutar ni una sola cosa de las que decía, pero no me estaba ayudando en nada.

Me sigue doliendo.

No necesitaba una predicación, y no necesitaba la reafirmación de que Dios estaba conmigo o que sería más fuerte después y más maduro.

Quería alivio. Quería alguien que se interesara.

Joe tenía buenas intenciones, y pensaba que me estaba animando. O quizá estaba ocurriendo algo más. Quizá Joe estaba pensando en sí mismo y en lo que ocurriría cuando el vuelo blanco llegara a su iglesia. (Y llegó tres años después). Joe se mudó a Texas justamente cuando comenzó el vuelo.

Por supuesto que tenía razón en todo lo que decía. Mi vida sí mejoró, y crecí como resultado directo del estrés de esos días. Pero Joe no me ayudó cuando le necesité.

Quizá eso mismo es lo que nos pasa a muchos. Las personas experimentan pruebas y quieren nuestra compasión y ayuda. Nosotros les damos palabras, y muchas veces son palabras vacías. Probablemente son palabras ciertas, pero inapropiadas.

> *Me sigue doliendo.*
> *Quería alivio.*
> *Quería alguien que*
> *se interesara.*

¿Me importaba a mí que *un* día miraría atrás y lo vería como un tiempo de gran crecimiento espiritual e interior? ¡Claro que no! Tan solo quería sobrevivir emocionalmente ese día.

Hace meses fui testigo de una situación similar. Jeff nos pidió a cuatro personas que nos reuniéramos con él para comer. Después de la comida, se abrió. Tenía cincuenta años, había perdido su empleo, y aunque había enviado currículums y se había puesto en contacto con personas que pensaba que podrían ayudarle, no ocurrió nada.

—Mi indemnización por despido se termina mañana. El sueldo de mi esposa apenas si nos llega para pagar la hipoteca. No sé qué hacer.

Yo sabía lo que venía, y no estaba equivocado. Jeff recibía respuestas por tres frentes básicamente con el mismo mensaje: "Sobrevivirás, y serás más fuerte cuando esto se acabe".

Yo no dije nada; no porque fuera muy sabio sino porque había estado donde estaba Jeff. Me senté calladamente, con mi cabeza agachada, intentando encontrar alguna palabra de consuelo o de ánimo.

Uno de los hombres sacó su iPad, porque había descargado toda la Biblia. Leyó pasajes a Jeff. Tenía una buena selección de palabras maravillosas de esperanza y ánimo.

Después de quizá unos veinte minutos, Jeff hizo algo que yo desearía haber hecho cuando estaba con quienes me daban consejos. Golpeó con su puño en la mesa y gritó:

—¡Caramba! Basta.

—Has dicho una mala palabra —dijo uno de ellos.

—¡Puedes estar seguro de que sí!

El enojo en su voz me hizo admirar su honestidad. Me acerqué y toqué su brazo.

—¡Gracias por ser honesto!

Nadie dijo nada durante uno o dos minutos, y finalmente añadí:

—No sé por lo que estás pasando. Estoy dispuesto a escuchar. Oraré por ti. Intentaré estar disponible siempre que quieras hablar, o cuando creas que puedo ayudarte.

Jeff se inundó de lágrimas, pero no dijo nada.

Los otros tres hombres intentaron consolar a Jeff. Uno de ellos comenzó un nuevo sermón, pero levanté mi mano.

—Ya ha tenido suficiente. Él no quiere tus respuestas; quiere tu compasión.

No recuerdo bien lo que pasó durante los siguientes diez minutos antes de dispersarnos. Para mérito de él, el hombre con el iPad se hizo cargo de la cuenta de la comida de Jeff.

Desde entonces, Jeff ha ido de un trabajo a otro. Su actual posición le aporta como el sesenta por ciento de lo que ganaba antes. Jeff está viviendo ahora el "después de esto". ¿Es ahora más saludable, más fuerte, más maduro?

Quizá, aunque no he visto mucha evidencia de un cambio de vida positivo.

Entonces ¿por qué cuento estas dos historias? Porque a menudo cuando queremos ayudar a otros, hablamos en base a *nuestro* descontento y quizá *nuestro* temor. No podemos enfocarnos en los Jeff que nos rodean porque realmente estamos pensando en nosotros mismos.

Mis amigos que sufren no necesitan mi consejo; necesitan mi compasión.

23

Viviendo en espacios vacíos

AHORA, AÑOS DESPUÉS, AÚN MIRO atrás y pienso en el periodo después del vuelo blanco cuando tenía cuarenta y un años y no tenía trabajo como el tiempo más doloroso de toda mi vida laboral. Tenía lo que hoy llamaríamos "una indemnización por despido" que cubriría mi sueldo durante un año. El problema no era el dinero; el problema era que no tenía trabajo.

Durante ese tiempo, viví en una especie de vacío. No era quien había sido y no sabía en quién me convertiría. En el sueño americano, la productividad no solo contaba sino que también me definía. Así que durante nueve meses no supe quién era yo.

Ese era el espacio vacío, el lugar donde no podía regresar a lo que había hecho y las puertas no se habían abierto para poder comenzar de nuevo. Así que hablé con amigos y contactos e hice todas las cosas buenas que hacen las personas sin empleo.

El cuarto mes de este vacío fue tan difícil que terminé en el hospital con una úlcera. Estaba de vuelta en casa a los dos días sin cirugía, pero fue un tiempo revelador para mí.

Tuve que hacerme serias preguntas, como:

- Si no opero como solía hacerlo, ¿sigo siendo útil?
- ¿Qué haré si ya nadie me contrata?
- ¿Terminaré aceptando un trabajo mal pagado solo para sobrevivir? (Yo tenía dos maestrías y había hecho un año de estudios en un programa para un doctorado en filosofía).

Esa dolorosa experiencia y las difíciles preguntas me obligaron a aceptar el vacío de mi vida. Era un americano normal, un esposo con tres hijos y con una buena educación.

Pero había fracasado. O al menos no tener un trabajo era sinónimo de fracaso.

La gente lo habría entendido si me hubiera ido a otro pastorado mientras nuestra iglesia se preparaba para morir, pero no podía hacer eso. Sentía que tenía que estar para el funeral y el luto posterior. En medio del dolor y la tristeza de otros, tenía que descubrir quién era yo y lo que quería hacer con mi vida.

Era un americano normal, un esposo con tres hijos y con una buena educación. *Pero había fracasado.* O al menos no tener un trabajo era sinónimo de fracaso.

Esos meses fueron de lucha, intentando encontrarle sentido a mi vida cuando parecía no tenerlo. Oraba, y agonizaba. Examinaba mi corazón y me preguntaba si había hecho algo mal que provocara esa terrible situación. Nada cambió.

Finalmente llegué a una conclusión. No era lo que había hecho para vivir lo que me definía. Me gustaba lo que hacía, pero no era toda mi vida.

Cerca del octavo mes, no estaba más cerca de algún trabajo. Aunque meses antes había hecho una entrevista para un comité y sentía que habría sido un lugar excelente, no volví a tener noticias de ellos. También tuve otras tres entrevistas con iglesias que querían que fuera su pastor, pero sentía que no encajaría en ninguna de ellas, así que lo rechacé.

Finalmente supe que tenía que usar el tiempo para encontrar sentido a mi vacío y enfocarme en quien yo era y no concentrarme estrictamente en mi vocación.

¿Quién era yo?

¿Qué quería?

Esas eran preguntas difíciles de responder, pero mirarlas fijamente se convirtió en el punto de cambio. Usé el vacío como un tiempo para el autoexamen. Meditaba en la pregunta: ¿Qué quiero hacer con el resto de mi vida? Tenía que decidir qué era importante para mí, al margen de las oportunidades de trabajo (o la falta de las mismas). Finalmente resolví las preguntas. Lentamente, la paz vino sobre mí.

Al principio del noveno mes, unos representantes de la iglesia que me había gustado volvieron a ponerse en contacto conmigo. Me explicaron que tenían asuntos internos que tratar antes de estar listos para hablar seriamente conmigo.

Llegaron un domingo por la mañana para escucharme un día en el que me invitaron a predicar en otra iglesia. A partir de ahí, el proceso al que nos referimos como el "llamado de un ministro" por lo general tarda semanas. Aquí tardó seis horas. Ese mismo domingo por la tarde un anciano me llamó por teléfono para preguntarme si podía reunirme con ellos esa misma noche.

¿Quién era yo?
¿Qué quería?

Me hicieron preguntas, yo respondí, y en poco menos de una hora, el líder principal me preguntó: "¿Aceptaría un llamado para ser nuestro pastor?".

Acepté y estuve allí diez años. Y fueron los mejores años de mi trabajo como pastor.

La razón por la que fueron los mejores años fue que había aprendido lecciones muy valiosas acerca de vivir en el vacío. Podía operar como pastor, pero ese papel no me definía completamente. Declaraba lo que hacía, pero yo era más que mi papel.

Había comenzado a publicar tres años antes. Esos diez años en esa iglesia se convirtieron en los más productivos como escritor. Aunque escribía solo una hora (a veces dos) antes de que llegara mi secretaria cada mañana, mi escritura era más libre, y creo que mejor. Escribía desde lo que yo era, y fui capaz de compartir tanto de mí mismo como me conocía.

Necesito los espacios vacíos en mi vida para aprender a aceptar la plenitud en la vida.

24

Rostros marcados

Miraba fijamente las arrugas en el rostro del anciano. Parecía tener más arrugas que ninguna persona que yo, a los diez años de edad, hubiera visto jamás. Me acerqué y le toqué.

—Qué divertido —dije.

Él sonrió antes de decir:

—Estas son mis marcas—. Consciente de que yo no entendía, añadió: —Cada una de estas líneas te habla de mí. Es la forma en que mi rostro ha llevado las cuentas.

Tomó mi mano y trazamos otra arruga. Él me explicó de dónde era, y luego pasamos a otra.

Ahora me doy cuenta de que me estaba bromeando, y sin embargo había mucha verdad en lo que decía. Era un hombre marcado.

Todos tenemos marcas de la experiencia. Las arrugas o las canas expresan el proceso de envejecimiento, pero nuestras marcas también están en el interior. Conocemos los efectos del dolor, el rechazo, la humillación y el fracaso. Por ejemplo, a veces veré una película con alguien cuya edad es cercana a los sesenta años, pero la persona parece tener al menos veinte años más. Alguien por lo general dirá algo como: "Ha tenido una vida muy dura", o: "Su estilo de vida le delata".

Pero también conocemos las marcas del éxito. Cuando el experto en ejercicio físico Jack Lalanne murió a los noventa y seis años, mi amigo de cincuenta y siete años dijo: "Desearía tener su aspecto ahora mismo". El punto que quiero establecer es que la vida nos marca. Estamos marcados por nuestras cicatrices internas y capacitados por nuestras experiencias y las cosas que hemos aprendido. Cuando hemos pasado por el caos, la confusión o un tiempo en que la vida no tiene sentido, cambiaremos de alguna manera.

Al hacernos mayores, por supuesto, definimos esas marcas interiores como *sabiduría* o *conocimiento*, y lo son. Pero también reflejan las heridas de ser humano y vivir en este planeta. Cuanto más intenso es el trauma y más seguros estábamos de que no sobreviviríamos, mayores son las heridas de nuestra alma. Algunas personas nunca superan esas cicatrices.

Por ejemplo, mis padres sufrieron la Gran Depresión en la década de 1930. También eran granjeros durante los años de sequía, y nunca se olvidaron de esos días. Aunque ambos vivieron más de cincuenta años después de esas experiencias, quedaron marcados. Por mucho dinero que papá tuviera o por mucha libertad de deuda que hubieran experimentado, constantemente actuaban como si estuvieran en 1935.

Estamos marcados por nuestras cicatrices internas y capacitados por nuestras experiencias y las cosas que hemos aprendido.

Casi cada vez que yo comía en casa, mi madre anunciaba que era el momento de comer con estas palabras: "Come, porque no sabes cuándo volverás a comer". Mis padres habían pasado hacía mucho ese tipo de pobreza, pero no podían olvidarlo.

Una vez le dije a mamá: "Siempre dices eso".

Ella me dijo que si yo hubiera pasado por lo que ella pasó, también lo diría. Me decía que era su manera de ser agradecida por lo que tenía ahora. Decía que hubo días en los que no tenía comida, y muchas veces trabajaba todo el día por una patata o por un plato de sopa. Tuvo miedo en ese entonces, y nunca olvidó ese sentimiento.

Pero no todas las marcas desfiguran nuestra alma o nuestra mente. También pueden mejorar nuestra vida y cambiarnos para mejor. Todos estamos marcados de alguna forma. Podemos enfocarnos en la dureza de la vida o en que la nación ha ido cuesta abajo y la moralidad se ha degenerado. O podemos enfocarnos en lo bueno de la vida, la bondad de otros.

Mientras pensaba en el anciano con las arrugas (y ahora las tengo yo mismo), recuerdo que Shirley solía señalar a personas que tenían, en sus palabras, "arrugas de la risa".

Sus rostros reflejaban una visión feliz y positiva de la vida.

Señor, dame muchas arrugas de la risa.

Estoy marcado. Mis marcas reflejan
en quién me estoy convirtiendo.

25

Finales y principios

—Te has tomado el fin de ese trabajo con demasiada seriedad —le dijo mi vecino a mi amigo Gene—. Te comportaste como si fuera el fin...

—Lo era —protestó Gene.

—No, fue el fin de *ese* episodio, pero tu vida estará llena de muchos finales. ¡Acostúmbrate!

La conversación no iba conmigo, así que no dije nada; no obstante, a pesar de la brusquedad de las palabras de mi vecino, él tenía razón. Gene tenía veintidós años y llevaba un año en su primer trabajo a tiempo completo cuando su jefe le despidió. Yo sentía que el jefe no tenía razón, y gritaba tan fuerte que Gene nunca tuvo la oportunidad de decir nada en su propia defensa.

—Estás despedido. ¡Sal de aquí!

—Se acabó —me dijo Gene—, pero...

El *pero* era la señal de aviso de que no se había acabado. Mientras Gene recrease la "conversación" en su mente e intentase buscar formas de explicarse o de gritar más fuerte que su antiguo jefe, no se había acabado.

Cuando pasamos por experiencias desagradables, especialmente cuando sentimos que otros no han actuado bien, es difícil despachar la situación. Nos decimos que es el fin, pero no sentimos lo que se debería sentir en un final. Como no hemos resuelto los asuntos, nos quedamos, nos aferramos al final y rehusamos dejar que muera la experiencia.

Yo tuve una respuesta similar cuando fui el escritor anónimo para una persona famosa y acabábamos de terminar el libro. En la que resultó ser mi última visita para verle, se comportó de forma extraña, como si se hubiera alejado de mí. Hasta entonces había estado notablemente abierto.

No es el tipo de persona a quien le podría preguntar: "¿Ocurre algo?" y recibir una respuesta. Él no permitía confrontaciones y siempre enviaba a su secretaria para hacer las tareas desagradables.

Una semana después de mi visita, llamé a su oficina, no pude contactar con él (lo cual no era extraño), y dejé un mensaje. No me devolvió la llamada; su secretaria no me devolvió la llamada. Volví a llamar una vez más con los mismos resultados. Nunca supe qué ocurrió o qué hice o dejé de hacer para ofenderle.

Recibí todo el dinero que habíamos acordado, pero el final fue abrupto y rudo. En mi mente, luchaba con la situación, aunque sabía que se había terminado. El editor tampoco conocía la razón, o al menos dijo que no lo sabía, pero yo no pude dejar de experimentar el dolor durante un largo periodo.

Aunque se haya terminado, ya sea una pérdida de empleo, una aventura amorosa, un matrimonio o cualquier otra cosa, mientras continuemos enfocándonos en lo que era, lo que podría haber sido o lo que podíamos haber hecho para impedir el final, no se ha terminado.

En mi caso, durante meses siempre que aparecía el nombre de ese famoso, tenía que luchar para que no saliera el enojo. Seguía aferrándome, queriendo justificar mi conducta o al menos tener una explicación para poder defenderme. No me gustaba estar enojado, pero lo estaba. Y un día admití que no había estado preparado para decir que se había acabado. Terminado.

Durante mucho tiempo llevé conmigo el "fin" de eso en mi interior. Nunca me habían despedido de un proyecto como ese. Finalmente pude admitir que se había terminado y dejarlo atrás.

En cambio, hace años, tuve una fuerte discusión con un hombre llamado Bud. Fue probablemente la vez que más enojado he estado. Durante mucho tiempo alimenté las palabras dolorosas que me dijo y pensé en muchas formas en que podía haberle superado con mi respuesta.

Un día le escribí y le pedí perdón por cualquier cosa que hubiera hecho que le hubiera ofendido. Él me escribió como respuesta y también me pidió que le perdonase. Esa carta dio entrada a un final pacífico.

Mientras escribía este capítulo, intentaba recordar exactamente lo que nos habíamos dicho el uno al otro. Sus acusaciones me dolieron tanto que estaba seguro de que nunca las olvidaría. Pero no ha sido así. Honestamente.

Sé que discutimos. También sé que una mujer me trajo un

> Mientras continuemos enfocándonos en lo que era, lo que podría haber sido o lo que podíamos haber hecho para impedir el final, no se ha terminado.

chisme de su parte y le llevó un chisme de parte mía, lo cual causó el conflicto. Aun así, en verdad, no recuerdo por qué discutimos.

Y eso me ha permitido saber cuándo algo se ha terminado y se ha ido: *se me ha olvidado*. Mientras pueda describir detalladamente el dolor y darle a alguien una cercana aproximación de nuestra conversación, seguiré apresado por el pasado. No ha llegado el final.

Este principio funciona, independientemente de las circunstancias conflictivas. Mientras podamos recordar específicamente lo que hizo el jefe, cómo nos trató la empresa, cómo el líder de la iglesia nos falló, o cómo uno de nuestros hijos nos dio la espalda, seguimos viviendo con asuntos sin terminar. Hasta que no soltemos, seguimos asidos a nuestro dolor, nuestra tristeza, nuestra traición y nuestro enojo.

A veces el presente es realmente el pasado que no estoy dispuesto a soltar. Mientras yo vuelva a vivir el dolor, no se ha terminado.

26

"Si yo tan solo…"

HABÍA TOMADO ALGUNAS DECISIONES SABIAS cuando tenía veinte años. Una de las más sabias fue que me prometí a mí mismo que no llegaría al final de mi vida, miraría atrás y diría: "Si yo tan solo…".

Esa resolución me llegó cuando estaba en el ejército patrullando la costa, lo cual ocurría una vez cada seis meses, y el oficial al mando me asignó el club de los hombres alistados esa noche.

Mis tareas eran asegurarme de que nadie se metiera en problemas y parar a cualquiera que mostrara síntomas de embriaguez. En las ocho veces que hice esa tarea, me aburrí y nunca tuve problemas con nadie. Ocasionalmente, no obstante, mantenía una conversación con uno de los marineros.

Una noche, un hombre se sentó a beber cerveza y no hablaba con nadie. Después de su quinta cerveza, me acerqué y le saludé. Mi brazalete señalaba de forma obvia que estaba de servicio, y quería asegurarme de que aún estaba sobrio.

Cuando comenzó a hablar de sí mismo, me di cuenta de que se encontraba solo.

—Diez meses y ocho días para que se acabe —me dijo mientras acercaba el botellín a sus labios.

—¿Hasta que zarpes? —le pregunté.

Él movió su cabeza y me enseñó las tres marcas rojas de su uniforme, cada una representando cuatro años.

—En vez de conseguir la cuarta, lo dejo.

Hablamos durante unos minutos, hablando él la mayor parte del tiempo. No sé si estaba casi borracho o tan solo estaba sentimental. Finalmente le pregunté:

—¿Qué piensas hacer cuando salgas?

—No lo sé—dijo—. No lo sé.

Me contó que siempre había querido ser profesor de educación física, pero nunca fue a la universidad.

Cuando le sugerí que fuera a la universidad con sus beneficios educativos de los soldados americanos, movió su cabeza.

—Soy demasiado mayor.

Durante los siguientes diez o quince minutos me contó las malas decisiones que había tomado. Tenía una vida de terribles reproches. Se había quedado en la marina porque era fácil y lo único que tenía que hacer "era mantener la cabeza agachada, saludar a los oficiales y que no le pillaran". Se había enamorado de una chica de su ciudad, pero meses después de alistarse, ella se casó con otra persona.

—Me he casado dos veces, pero ella es la única a la que realmente amé.

Mientras le escuchaba regresando a lo que deseaba haber hecho con su vida, fue entonces cuando decidí que nunca llegaría a ese lugar en mi vida donde dijera: "Si yo tan solo...".

Casi treinta años después, mi hijo, John Mark, formó una banda country y tocaba la guitarra. Había tomado clases durante un par de años y, para mi desentrenado oído, tocaba muy bien. El grupo se llamaba Harvest South, y tenían actuaciones casi todos los fines de semana.

John Mark parecía un poco inseguro de hacerlo, pero le animé a intentarlo. Le recordé que si no lograba grandes cosas ahí, siempre podría decir: "Lo intenté". Específicamente, le dije: "Nunca llegues al final de tu vida deseando haberlo perseguido".

Siguió con la banda e incluso cantó unos cuantos solos. Durante un par de años le fue bien a la banda. Después John Mark lo dejó. Para entonces ya se había casado, y tenía una hija. Me dijo que dejó la banda porque quería pasar más tiempo con su esposa y su hija. Lo que dijo era cierto; al menos, era parte de la verdad. Dos décadas después me dijo: "No tocaba mal la guitarra; pero no era excelente. Esa es la otra razón por la que lo dejé".

Le aplaudí. Nunca tendrá que lamentar no haberlo intentado.

Si es algo que realmente queremos hacer, incluso aunque lo intentemos y fracasemos, hagámoslo. No lleguemos al final de nuestra vida diciendo: "Si yo tan solo...".

Todos tenemos lamentos por cosas que hemos hecho. Pero los mayores lamentos son por las cosas que no hemos hecho.

27

Comenzar de nuevo

AQUÍ HAY DOS HECHOS: PRIMERO, cualquiera puede comenzar de nuevo. Segundo, a todo el mundo le cuesta comenzar de nuevo.

Puede que busquemos ansiosamente comenzar de nuevo, y a la vez algo en nosotros se resiste a hacerlo, como si estuviéramos dando los primeros pasos hacia el desastre. Todos tenemos diferentes ansiedades e incertidumbres, pero surgen del temor a que comenzar de nuevo destruya las viejas formas.

Tenemos miedo a que el cambio destruya la idea de quiénes somos y de lo que necesitamos. Empezar de nuevo significa que tenemos que dejar parte o todo eso detrás.

- "Solía ser ama de casa, pero ahora soy recepcionista".
- "Me definía como un orador motivacional, y ahora estoy intentado definirme como un maestro en las escuelas públicas".
- "Solía ser esposo, pero ahora estoy soltero".

No siempre somos conscientes de esos sentimientos. Pero algo, alguna ansiedad oculta, quiere retenernos.

Después de haber sido pastor durante catorce años, decidí aceptar el riesgo de escribir a tiempo completo a pesar de las estadísticas que dicen que solo cerca de un dos por ciento de los escritores consiguen vivir solo de la escritura. Sabía que nunca estaría contento a menos que diera el paso.

¿Tiraban de mí esas incertidumbres y ansiedades? Por supuesto.

Había descubierto lo que verdaderamente quería hacer. Aunque era consciente de lo mucho que quería entrar en mi nueva carrera, tardé ocho o nueve meses en tomar esa decisión.

Luchaba con sentimientos de duda de mí mismo, como si era lo suficientemente bueno como para hacer una transición exitosa. ¿Tenía suficientes ideas de libros para comenzar? ¿Seguiría teniendo ideas después de diez años?

Tuve que descubrir lo que minaba mi decisión de comenzar de nuevo en una nueva carrera. Cuanto más investigaba, más desalentadora parecía ser la información, pero no podía abandonarla. La congregación siguió creciendo y no me vi forzado a dejar el pastorado.

Sin embargo, no podía escapar del deseo de escribir. También comencé a cansarme de lo que en otra ocasión me encantaba hacer: visitar hogares, enseñar, predicar e interactuar con una variedad de personas a lo largo del día.

> Tuve que descubrir lo que minaba mi decisión de comenzar de nuevo en una nueva carrera.

Un día me pregunté: *Si sigo siendo pastor, ¿es algo que me dejará satisfecho para el resto de mi vida profesional?*

Sabía que no. A partir de ese momento, comencé a avanzar. Cada paso parecía extremadamente difícil. Pensaba en la gente que no volvería a ver cuando me fuese; me sentía ansioso por los que no podían salir y no sabía si el pastor interino les visitaría. Había comenzado un grupo de estudio para hombres, y sabía que no continuaría si me iba. Yo era el que empujaba para tener más participación en la comunidad a través de las ayudas a las personas con la renta o la comida.

Para mi sorpresa, cuando miraba atrás, el dinero no era algo importante. Sentía que podía hacerlo. Mi esposa trabajaba, y podíamos pagar nuestras facturas básicas con su salario aunque yo no vendiera nada.

Por encima de todo, no obstante, me di cuenta de que mi antigua manera de vivir (como pastor) ya no satisfacía mis impulsos creativos. Me encantaba escribir sermones, incluso aunque no los predicase como los escribía. Escribía una columna para un periódico semanal y lo disfrutaba.

La pregunta más significativa con la que luchaba era simple: ¿Me gusto lo suficiente como para estar todo el día solo? Esa pregunta puede parecer trivial y tonta para algunos, pero no lo era para mí. Al repasar mi vida laboral, siempre había estado en trabajos donde había personas e interacción con ellas. Me dirigía ahora a una profesión solitaria.

Más de una vez había hecho el test de personalidad de Myers Briggs. Cada vez puntuaba muy alto en la parte de la extroversión. Eso no era un buen indicador para alguien que va a dedicarse a una ocupación solitaria.

Luché, medité, y lo hice. Renuncié.

¿Me gustaba lo suficiente como para estar solo? Probablemente no al principio, pero cada vez estuve más cómodo con lo que yo era.

Comencé de nuevo.

Unos meses después, miré atrás y me pregunté: ¿Por qué tardaste tanto?

Que sea difícil comenzar de nuevo no lo hace imposible ni significa que haya cometido un error. Significa que he asumido un riesgo, y que estoy dispuesto a intentar algo nuevo.

28

Los mismos errores

MI HERMANO MEL SE CASÓ cinco veces. Yo fui su padrino la primera vez, y conocí a las siguientes dos mujeres antes de que se casase con ellas. Mel no hablaba mucho de cosas personales, especialmente de sus sentimientos, pero dijo la primera vez: "La amo. Tengo la intención de estar casado con ella para toda la vida".

Dijo eso en su segundo matrimonio y en su tercero. Yo no estaba cerca con su cuarta y quinta mujer. Mi hermano tenía problemas, muchos problemas, y seguía repitiendo los mismos patrones, preguntándose después qué andaba mal.

Mel se convirtió en un borracho. Pero una vez cuando estaba sobrio y se acababa de casar por quinta vez, le pregunté:

—¿No te sientes culpable por todos esos divorcios?

Él movió la cabeza.

—Simplemente los saco de mi mente y se van. Sigo adelante.

Puede que haya hecho exactamente eso. Quizá por eso fracasó tantas veces en el matrimonio. Pero en vez de bloquear nuestros errores o las malas decisiones, podemos usarlos como una excelente oportunidad de hacer una pausa, meditar, y encontrar el sentido a la vida.

En un momento sensible de Mel, esos momentos casi de estupor, me preguntó una vez (probablemente fue retórico): "¿Por qué me pasan todas estas cosas malas?".

No recuerdo lo que respondí, pero sí recuerdo que dio otro trago de cerveza y habló después acerca de que necesitaba ruedas nuevas para su automóvil.

Me habría gustado que hubiera dicho: "Esto me ha pasado antes. ¿Qué es lo que hace que siga repitiendo los mismos patrones?".

Y no es algo solo de mi hermano. He visto esto con muchas personas, incluso personas con mucho talento que "deberían" haber tenido éxito.

Hace más de veinte años trabajé durante un corto periodo con Cynthia, una importante publicista de mucho talento. A veces me llamaba y me hablaba de algún trato muy grande (*grande* era su palabra para un dineral), pero algo siempre salía mal antes de firmar el contrato.

> En vez de bloquear nuestros errores o las malas decisiones, podemos usarlos como una excelente oportunidad de hacer una pausa, meditar, y encontrar el sentido a la vida.

Tengo un amigo llamado Sam que parece que siempre autosabotea sus oportunidades. Ha intentado dos veces convencerme para que invierta con él, y ambas veces he rehusado. Me hizo grandes promesas, y ninguna de ellas dio frutos como dijo que darían. Muchas fracasaron.

Sam seguía cometiendo los mismos errores, e incluso desde la distancia, para mí eran obvios. No mantenía informados a los clientes; les ignoraba hasta que estaba listo para hablar. Una vez le dije:

—Cuando las personas invierten dinero, tienen derecho a saber lo que estás haciendo.

—Se lo diré cuando esté listo —dijo.

Yo no podía entender eso. Él parecía no entender que al poner un gran esfuerzo en la comunicación, podría salvar sus inversiones comerciales. La última vez que le vi, que fue hace unos dos años, y estaba trabajando en un proyecto que estaba seguro de que le daría dinero suficiente para poder jubilarse.

Nuestros errores no tienen que ser así de grandes. Pueden ser pequeños errores que nos impiden tener más intimidad o alcanzar niveles altos de productividad.

Pero grandes o pequeños, tendemos a tener el mismo patrón: seguimos repitiendo, esperando que la próxima vez nos irá bien. Raras veces ocurre.

Podemos cambiar el patrón. No es necesario mucho esfuerzo por nuestra parte para poder saber cuál es la razón por la que cometemos los errores. Y lo haremos si queremos tener éxito.

Si ocurrió una vez, puedo cambiar
para que no vuelva a ocurrir.

29

Lo que no entendimos…

Recientemente escribí un correo electrónico a un amigo que sufre de los efectos de cosas terribles que ha hecho a otros. Lamento su dolor, pero me alegro de que se esté enfrentando a sí mismo. Se necesita valor para mirarnos a nosotros mismos y admitir que hemos cometido actos que condenamos en otros. (De hecho, condenar a otros por esos mismos actos es a menudo la manera en que muchos intentan lidiar con sus propios problemas).

Yo fui víctima de abuso infantil físico y sexual. Cuando afronté eso, aprendí una lección de incalculable valor. No sé si lo leí, alguien me lo dijo o si Dios me lo susurró, pero esta es la lección: *Lo que no recibimos en la infancia, nos pasamos nuestra vida de adultos buscándolo, por lo general a nivel inconsciente.* Como la mayoría de la gente, me enfoqué en los síntomas e intenté no hacer cosas que sabía que no estaban bien. Hace años, mientras estaba de visita en una reunión de AA, oí el término *alcohólico seco*, y eso lo resume para mí. Los alcohólicos secos ya no beben, pero no han alterado sus actitudes. No cambian porque aún no han resuelto sus problemas.

Descubrí que la *conducta inaceptable* (un bonito término para cubrir problemas compulsivos) es un analgésico. Mi padre y mis hermanos mataban su dolor con cerveza. Recuerdo a una mujer que era la chismosa más grande que jamás he conocido; muchas veces he pensado que llevar las últimas noticias (sean verdad o no) le daban un sentimiento de sentirse significativa, quizá incluso importante. La "medicina" que cada uno de ellos tomaba para aliviarse temporalmente probablemente funciona: temporalmente.

La mayoría no tuvimos una infancia totalmente feliz, y ahí es donde empezaron los problemas. No tuvimos todo lo que queríamos o necesitábamos. Algunas de esas cosas no eran significativas, pero si no nos sentimos queridos o atendidos entonces, pasaremos gran parte (o quizá toda) nuestra vida intentando encontrar amor o sentirnos queridos por alguien.

La peor parte de mi infancia fue que nunca me sentí amado. Por eso, intenté toda clase de formas de sentirme atendido y aceptado por los demás. Me hice amigo de muchos niños cuando estaba en la escuela. Era mi intento inconsciente de recibir de ellos lo que no había obtenido en casa.

La peor parte de mi infancia fue que nunca me sentí amado.

Mientras escribo este capítulo, el nombre *Laura Bish* viene a mi mente. Ella era la estudiante más pobre de nuestra clase y parecía tener solo dos vestidos que llevar a la escuela.

A veces me iba andando a casa al salir de la escuela con ella (me pillaba de camino). Cuando mi amigo Ronnie Larson comenzó a burlarse de eso, intenté hacer que ella anduviese más deprisa para que los demás niños no nos vieran.

Una vez intenté ayudar a Laura a deletrear, pero parecía no acordarse de cómo deletrear incluso palabras sencillas.

Pero por encima de todo, recuerdo el día de San Valentín. Yo era la única persona en nuestra clase que le dio un regalo. Cuando supe que ella no iba a recibir más, yo tenía algunos extra así que garabateé su nombre e intenté camuflar mi caligrafía. Después se los pasé a los niños a mi alrededor. Como tenían el nombre de Laura en el sobre, se los pasaron. Ella recibió cinco tarjetas... todas mías.

¿Por qué lo hice? Si me hubieran preguntado entonces, no lo habría sabido. Al mirar atrás, pienso que la razón por la que intenté ser su amigo y ser amable con ella era porque eso era lo que yo quería recibir.

Así que por extraño que parezca, tenía varios amigos raros, a menudo los desechados de la clase o los que no encajaban bien. Al darles, estaba queriendo ser amado y querido.

También recuerdo lo que ocurrió cuando cumplí quince años. Nunca había tenido una fiesta de cumpleaños, aunque había ido a varias. Ese año le pedí a un amigo si podíamos usar su casa para una fiesta. No le dije a nadie el motivo, pero compré un regalo muy barato para cada uno de los invitados.

Extraño comportamiento, sí. Hacer por otro los que nadie hizo por mí era una forma de intentar, sin saberlo, recibir amor y aceptación. Después, con la ayuda de Dios y mi esposa y mi mejor amigo, pude recibir y sentirme genuinamente amado.

Lo que no recibo en la infancia
paso mi vida buscándolo.

30

Moldeados por la espera

CUANDO TUVIMOS NUESTRA PRIMERA HIJA, Wanda, incluso más que los dos que nacieron después, todo en nuestra vida parecía girar en torno a su nacimiento. El ejercicio y la dieta jugaban una gran papel en la forma en que Shirley cuidaba de sí misma mientras estaba embarazada.

Yo tenía cuidado de que Shirley no se cansara demasiado o intentara hacer demasiadas cosas. Esperar el nacimiento de nuestra hija moldeó gran parte de nuestra vida durante esos meses.

Recientemente oí una entrevista a un hombre encarcelado durante veintitrés años por un crimen que no había cometido antes de que la prueba de ADN confirmara su inocencia. En la entrevista, dijo que la peor parte de su reclusión fue después de saber que iba a ser liberado. "Todavía tenía que esperar. Las horas parecían pasar lentamente". No dijo cuánto, pero la implicación era que tuvo que permanecer encarcelado como un mes hasta que los oficiales estatales pudieran terminar el papeleo.

Imagínese la agitación interior mientras esperaba en su celda. Pronto iba a ser un hombre libre, pero mientras tanto esperaba. Y esperaba.

Suena extraño decirlo así, pero es un hecho de la vida: somos moldeados por la espera hasta que algo bueno o malo sucede.

¿Qué ocurre si ha perdido su trabajo y ha enviado currículums? Suponga que está pasando por un divorcio. Su cónyuge no quiere estar casado con usted y a la vez parece usar cada demora táctica para detener el archivo de los papeles. Quizá recibirá su título universitario dentro de cuatro semanas, y ya tiene cinco entrevistas de trabajo preparadas, pero todas ellas se producirán solo después de que usted tenga en sus manos el título. ¿Recuerda cuando le quedaban solo diecinueve días para tener la edad mínima para poder sacarse la licencia de circulación?

En cada una de estas ocasiones, usted esperó. Y gran parte de la vida gira en torno a no hacer nada. No poder avanzar.

Parte de quienes somos es un resultado de cómo respondimos mientras esperábamos. La espera nos moldea, así que o bien aprendemos a relajarnos o nos impacientamos y quizá incluso nos enojamos. Malgastamos energías diciendo: "Si tan solo...". Culpamos a otros porque tenemos que esperar en la fila de la farmacia o esperar a que la enfermera nos acompañe hasta la oficina del doctor.

A veces he oído a personas hacer alusión a "matar el tiempo". Esa fuerte imagen denota un sentido extremadamente negativo de lo que hacemos mientras esperamos al evento que anticipamos.

> Parte de quienes somos es un resultado de cómo respondimos mientras esperábamos.

Estoy seguro de que hay muchas formas de permanecer en el lugar con resentimiento o desagrado. Cualquiera de esas cosas funciona porque consume nuestros pensamientos y nuestra energía. Pero no nos hace mejores, más fuertes o más felices.

O podemos aprender a pensar: *Así es la vida. No todo ocurre cuando yo quiero.*

No se me da bien esperar, pero estoy mejorando. Y como todos los que conozco, ciertamente he tenido bastante práctica. Intento anticipar la espera. Me gusta leer y casi siempre llevo un libro conmigo cuando tengo una cita, ya sea que vaya al doctor, a verme con un amigo para almorzar, a cortarme el cabello o asistir a una reunión de negocios.

Pero incluso más importante que tener algo para ocupar mi mente, soy consciente de lo que produce en nosotros la espera. *Perder el tiempo* es otra expresión negativa que implica que no ocurre nada.

Pero *sí* ocurre algo. O bien aprendemos a aceptar que no tener una acción inmediata es una parte significativa de la vida, o nos ofendemos con todo o todos aquellos que nos impidan la acción directa. Si prestamos atención, podemos entender un poco quiénes somos.

Viví esto la semana pasada mientras esperaba en fila para sacar dos libros de la biblioteca. Había dos computadoras en el mostrador y dos o tres dependientes detrás del mostrador, pero ese jueves por la tarde la biblioteca estaba llena de clientes habituales (como nos llaman).

Mientras esperaba mi turno, decidí no quejarme por la espera; a fin de cuentas, los otros clientes habituales querían sacar libros para leer y (yo tenía la esperanza) mejorar sus mentes. Tenían tanto derecho a ser atendidos como yo, y ellos llegaron primero a la fila.

También pensaba: *Si no tuviera que esperar, probablemente saldría de este edificio unos cinco minutos antes. ¿Qué diferencia marcaría eso en mi vida?*

Me acuerdo de las palabras de Jesús, quien dijo: ¿Y quién de vosotros podrá, por mucho que se afane, añadir a su estatura un codo?".[3]

En vez de preocuparme, inquietarme, sentirme ansioso, estoy aprendiendo (sigo aprendiendo) a relajarme y simplemente estar contento de estar sano, vivo y poder estar ahí esperando.

Soy moldeado por la espera, y puedo moldear la espera y hacer de ella una experiencia positiva.

31

Perder el significado

Yo tengo una teoría acerca de nuestras experiencias, especialmente cuando se producen los mismos resultados repetidamente. Por ejemplo, Evelyn ha tenido dos malos matrimonios, y se está preparando para casarse por tercera vez. Apenas conozco al hombre, pero sospecho que esta relación también terminará en divorcio.

Jason ha cambiado de trabajo repetidamente durante los últimos cinco años. Estas son algunas de sus frases:

- "El jefe no fue justo. Dejó que otras personas se salieran con la suya".
- "Trabajé tanto como los demás, pero no iba a adular a mi supervisor como hicieron los demás".
- "Hago mi trabajo, y no creo que deba limpiar la zona para otras personas que son demasiado cómodas como para hacerlo ellos".

La mayoría hemos oído acerca de los Evelyn y los Jason de nuestros vecinos o amigos. A veces pensamos: "¿Alguna vez aprenderá? ¿Por qué no lo entiende"? Pero raras veces decimos nada. En esas pocas ocasiones en las que hemos hablado, nos han reprendido, ignorado o menospreciado. Por lo general, otros son buenos para decirnos por qué estamos equivocados o para dejarnos saber que no tenemos ni idea de lo difícil que es la vida para ellos.

Así que esta es mi teoría: seguimos encontrándonos el mismo tipo de situaciones hasta que aprendemos las lecciones que necesitamos. Evelyn se sigue casando con hombres abusivos. Los tres son distintos en apariencia y trabajos, pero ella tiene la asombrosa habilidad de sentirse atraída a hombres que le maltratan.

Se le acreditan a T. S. Eliot estas palabras: "Tuvimos la experiencia pero perdimos el significado". Quizá pasamos por lugares oscuros (o por buenos), pero si nada cambia en nosotros, la experiencia fue vana.

Podemos aprender y crecer con cada experiencia. Es decir, si estamos dispuestos a aprender. Me acuerdo de una experiencia con mi hijo, John Mark. Cuando tenía diez años, se quejaba de que su maestro no había hecho algo bien. Después de explicarse, supuse que probablemente tenía razón, pero no merecía la pena confrontar a su maestro.

—La vida no siempre es justa —le dije—, y puedes contar esto como una experiencia de aprendizaje.

—Ya he aprendido demasiadas lecciones —dijo nuestro hijo.

Fue una réplica jovial y ambos nos reímos, pero su inmadura respuesta es lo que oigo a veces a hombres y mujeres de cuarenta años. Parecen no ver tales eventos como lecciones de la vida, sino solo como más dificultades y mayores problemas.

> Podemos aprender y crecer con cada experiencia. Es decir, si estamos dispuestos a aprender.

Hace años me trabé con la importancia de este concepto. En un periodo de dos años, había sido hospitalizado dos veces con una úlcera. La segunda vez me preguntaba: ¿Qué está ocurriendo que me hace necesitar estar malo? (Había aprendido a no preguntar por qué. Esa pregunta busca respuestas analíticas pero no cambia nada aunque sepamos la respuesta).

También lo pregunté de esta forma: ¿Qué me hace querer estar enfermo? Desde entonces he ampliado esa pregunta. Ahora, cuando me enfrento a dificultades u oposición, me pregunto: ¿Qué necesito aprender de esto?

Mi teoría es que si no aprendo la lección de la vida de esta experiencia, está bien. Volverá a llegar una situación similar.

Y otra.

Y otra.

Y hasta que no entienda el significado, seguiré teniendo tales experiencias.

Esta es una buena pregunta para hacerme:
¿Qué está ocurriendo dentro de mí
que me hace necesitar este caos?

32

¿Recordar correctamente?

NO RECORDAMOS LOS EVENTOS CON precisión. O quizá inconscientemente reinterpretamos lo que recordamos. No creo que sea falta de honestidad; creo que es un fenómeno natural.

Fui consciente de esto hace muchos años cuando oí a personas hablar acerca de su conversión. Normalmente fue su conciencia de pasar de la incredulidad a la fe. A veces tenía que ver con un momento de iluminación donde se daban cuenta de que necesitaban empezar un programa de ejercicio físico, abandonar el matrimonio o dejar de fumar.

Aunque esto ocurre con las experiencias de cada día, me gustaría explorar esto en los grandes momentos, el tipo de cosas donde decimos: "Esto nunca lo olvidaré" o: "Está tan grabado en mi memoria que es como si hubiera ocurrido solo hace unas horas".

Suena bien, pero eso no es cierto, al menos según mi experiencia y observación.

Al relatar una experiencia de conversión, su manera de contarlo estaba muy influenciada *por la cercanía del tiempo a la experiencia.*

Por ejemplo, cuando la gente habla de encontrarse con Dios por primera vez y eso sucedió recientemente, su teología puede estar desviada, o puede que no estén seguros de cómo contar su experiencia. El lenguaje por lo general es basto. Es decir, saben que les ha ocurrido algo poderoso, pero les cuesta articularlo; sin embargo, su pasión por lo general arregla su ineptitud para poder explicarlo.

Pero si nos encontramos con esas mismas personas un año después, o diez años después, no nos cuentan la misma historia. Lo esencial es probablemente igual: pasaron de la ignorancia al conocimiento, de la duda a la fe, de sentirse perdidos a sentirse hallados. Pero si escuchamos cuidadosamente, nos damos cuenta de que han añadido al mensaje original.

Ahora hablan retrospectivamente, de manera natural, pero hay una diferencia importante. Han aprendido lecciones desde entonces. Se han dado cuenta de que la experiencia fue incluso más poderosa de lo que pensaban al principio. O quizá se ha vuelto menos significativa.

La manera en que recordamos el pasado dice mucho sobre quiénes somos ahora. ¿Cómo me veo en los eventos ahora, comparado con la manera en que me veía en otro tiempo?

Esto es importante para mí como escritor anónimo o colaborador. Cuando hago autobiografías, creo que los temas de los libros son todo lo veraces que pueden ser. Tras la publicación de cualquier autobiografía, los miembros de la familia a menudo argumentan calladamente los datos. "Así no es como yo lo recuerdo", dijo una mujer acerca del libro de su hermana.

Entonces ¿qué hermana tenía razón? Mi respuesta: probablemente ninguna, si miramos a algo que podríamos llamar *hecho literal*.

Sin embargo, ambas son precisas. Interpretaron la experiencia o el evento según su propio entendimiento de ellas mismas o del mundo. Y esa interpretación refleja su actual vida más que cuando realmente ocurrió.

Ilustraré esto escribiendo sobre cómo me apunté a un programa regular de ejercicio físico. Después de haber estado hospitalizado con úlcera dos veces, el doctor me dijo que me había convertido en un paciente de úlcera crónica, así que tendría que verme regularmente. Salí de su consulta decidido a no regresar nunca. (No he vuelto). Eso me llevó a un programa de ejercicio físico continuo.

> La manera en que recordamos el pasado dice mucho sobre quiénes somos ahora.

Estos son los hechos. En ese entonces escribía un diario y escribí parte de lo que el doctor me dijo. Nueve años después leí el relato y me di cuenta de que, aunque mantuve la esencia de la historia, los detalles variaban. Tal como lo recordaba, comencé un programa de ejercicio al día siguiente, estaba seguro de eso. Mi diario decía que fue varias semanas después.

Unos cuatro meses después de eso cambié drásticamente mis hábitos alimenticios; sin embargo, estaba seguro de haberlo hecho a los tres o cuatro días. Hay otras pocas discrepancias también, pero espero que entienda lo que quiero decir.

Una última cosa es que *cómo* o *qué* "recordamos" puede ser tan importante como el evento en sí. Como valoro mucho el ejercicio físico y comer sano, "recuerdo" entrar en un estilo de vida saludable casi inmediatamente. El efecto final fue el mismo, pero la experiencia no fue tan inmediata.

Alguien me envió recientemente una cita de Alan Wright que tiene que ver con esto: "La manera en que recuerdas el ayer determina cómo vivirás mañana".

Él lo dijo mejor de lo que yo sería capaz de expresarlo.

Cuando hablo del pasado, digo: "Así es como lo recuerdo", aunque inconscientemente haya añadido mi actual percepción a un antiguo recuerdo.

33

"Solo quiero ser feliz"

RAYMOND ENTRÓ A MI OFICINA y, en cuestión de segundos de estar sentado, puso la cabeza entre sus manos y comenzó a llorar.

Había telefoneado esa mañana y me había preguntado si estaría en mi oficina hasta las cinco y media para poder hablar conmigo. Yo había accedido a esperar.

No era un hombre a quien conociera bien. Yo era su pastor, y él asistía regularmente, aunque raras veces participaba en ninguna actividad de la congregación. Había visto a hombres llorar antes, así que eso no me molestaba. Salí de mi escritorio y me senté en una silla delante de él, con nuestras rodillas a unos quince centímetros de distancia. Le miré fijamente y esperé.

—Solo quiero ser feliz —me dijo—. ¿Es mucho pedir en la vida?

Continuó llorando. Finalmente me contó algunos problemas de su matrimonio.

—Nos gritamos casi todos los días, y estoy cansado de ello.

Su trabajo tampoco le iba muy bien porque la empresa se estaba expandiendo, y los ejecutivos le estaban presionando para que trabajase más horas.

Mientras hablaba de los conflictos de su vida, saltaba de un tema a otro y seguía regresando al asunto de ser feliz.

—Solo quiero disfrutar de la vida. No pido demasiado. No necesito un millón de dólares. —Y siguió con la letanía de lo que no necesitaba.

No me gusta dar consejos a las personas, aunque a veces parece obvio lo que necesitan. Pero después que Raymond pasara casi media hora hablando y regresando a su único tema, decidí que era el momento de hablar.

Me incliné y puse mis manos sobre él. Por primera vez me miró directamente.

—Deja de buscar la felicidad —le dije.

Esa frase le impactó. —Entonces tengo que vivir en la tristeza...

Me eché para atrás y alcé mi mano.

—No, has hecho de la felicidad tu enfoque, y creo que te has equivocado. Simplemente quieres sentirte bien.

—¿Y qué tiene de malo sentirse bien?

Moví mi cabeza. —La felicidad no funciona así. Si la buscas, nunca la encontrarás.

Comenzó a hablar mal, preguntándome si estaba intentando jugar a algún juego mental con él.

Pensé por un minuto y dije que honestamente creía que no lo estaba haciendo.

> —Deja de buscar la felicidad —le dije. Esa frase le impactó.

—La felicidad es el resultado de las decisiones, las decisiones correctas —y le detuve antes de que pudiera interrumpirme—. ¿Qué te hace sentirte realizado? ¿Qué disfrutas?

Él pensó por unos instantes y no parecía saberlo.

—Disfruto de algunas cosas, pero no soy feliz.

Estuvo quizá unos veinte minutos más y dijo que se sentía mejor antes de irse. No estoy seguro de que fuera así. Si constantemente nos preguntamos: ¿Soy feliz? encontraremos razones por las que no lo somos.

Pero si podemos decir: "Quiero vivir la vida. Quiero disfrutarla", puede sorprendernos darnos cuenta de que un día realmente somos felices.

Si busco la felicidad, me esquiva; si acepto y disfruto de lo que tengo, la felicidad me encuentra.

34

¿Qué nos hace felices?

DAVID MORGAN ME LLAMÓ DESPUÉS de haber visto el tráiler de un documental. Una persona con una cámara en la mano entrevistó a personas en la calle. Les hacía a todos ellos una sencilla pregunta exactamente con estas palabras: "¿Qué le haría feliz?".

Como es de esperar, las respuestas fueron las típicas:

- "Pagar mis deudas".
- "Conseguir un trabajo mejor".
- "Tener una casa sin hipoteca y con piscina".

Después de que cada persona respondiera, el hombre con la cámara le daba la vuelta a la pregunta y decía: "¿Qué le hace feliz?".

Las mismas personas respondían con

- "Disfrutar del buen clima".
- "Escuchar música tranquila".
- "Pasar tiempo con mis seres queridos".

Reemplazar el verbo *haría* por *hace* cambiaba la pregunta y producía respuestas distintas porque la respuesta venía de una parte distinta de los individuos.

A la primera pregunta: "¿Qué le haría ser feliz?", sus respuestas eran externas, cambiar la situación o recibir una gran suma de dinero... siempre algo fuera de su ser y más allá de la obtención inmediata.

Muchas personas miran "ahí afuera" y fantasean con cosas que probablemente nunca tendrán. Es el mismo tipo de conversación cuando las personas me dicen lo que harán si les toca la lotería. Cuando era un niño, las personas decían: "Cuando me llegue mi turno, yo...". El lenguaje ha cambiado pero no el pensamiento. Como el hombre con la cámara sugirió en su documental, las personas dicen que tener esas "cosas" les hará ser felices.

No "lo" tienen, así que no saben cómo reaccionarán. Aunque algunas personas probablemente piensan así, supongo que lo que muchos de ellos quieren decir es: "Disfrutaría mucho más de mi vida si...". Pero siguen hablando de algo que no tienen o que no han experimentado.

Por el contrario, cuando medito en las muchas cosas buenas de mi vida, me doy cuenta de que muchas influencias nos afectan para hacernos querer más y más. Cada vez, el mensaje implícito es: "Si tienes esto, serás feliz".

La frase parafraseada nos hace mirar hacia adentro. En vez de mirar a lo que podría ser, meditamos seriamente sobre nuestra vida como está ahora mismo. La pregunta se convierte en una de estas:

- "¿Qué es lo que más disfrutas?".
- "¿Qué te hace estar contento?".
- "¿Qué hace que valga la pena vivir?".

La paráfrasis nos obliga a mirar internamente: ¿Qué me hace feliz *ahora*? La pregunta implica que hay algo ya activo en nosotros y, con un poco de meditación, podemos valorar la vida y apreciar estar vivos. La respuesta ya está dentro de nosotros. Nuestra felicidad no viene dada por nuestro entorno o circunstancias.

> ## Muchas influencias nos afectan para hacernos querer más y más. Cada vez, el mensaje implícito es: "Si tienes esto, serás feliz".

Hace años solía oír a misioneros hablar de manera despreciativa sobre personas en las naciones industrializadas. "Están muy contentos con las vidas simples que tienen". Los occidentales daban a entender que si los nacionales fueran más conscientes del mundo que hay más allá de ellos, se darían cuenta de que su estilo de vida sin complicaciones era inferior.

Nunca estuve de acuerdo con eso. Admiro a las personas que parecen tener pocas posesiones, y a la vez disfrutan de sí mismos. Me gusta lo que escribió San Pablo a su pupilo Timoteo:

> Pero gran ganancia es la piedad acompañada de contentamiento; porque nada hemos traído a este mundo, y sin duda nada podremos sacar. Así que, teniendo sustento y abrigo, estemos contentos con esto.[4]

Pablo también escribió una carta a una iglesia europea en un lugar llamado Filipos. Cuando la escribió, estaba en la cárcel, erróneamente acusado por sus enemigos, pero no tenía amargura. Mientras estaba encarcelado, miembros de esa congregación le enviaron un regalo, el cual no parece identificar. Se lo agradece profundamente y añade:

No lo digo porque tenga escasez, pues he aprendido a contentarme, cualquiera que sea mi situación. Sé vivir humildemente, y sé tener abundancia; en todo y por todo estoy enseñado, así para estar saciado como para tener hambre, así para tener abundancia como para padecer necesidad.[5]

Parte de nuestro crecimiento es encontrar placer y experimentar una profunda paz al apreciar lo que ya tenemos.

No necesito más cosas para ser feliz;
necesito valorar lo que ya tengo.

35

Mandíbulas de cristal

EL DIRECTOR VEÍA EL NOTICIERO cinematográfico e hizo que volvieran a poner un segmento varias veces. "¡Ahí! ¡Detén la película!". Señaló a la pantalla y le dijo a su luchador, el héroe de la película: "¡Míralo tú mismo! ¡Tiene una mandíbula de cristal!".

Al ver la película de niño, no entendía el significado de *mandíbula de cristal*, al menos no al principio. Él destacó que el otro luchador no dejaba que nadie tocara su rostro. Parecía ser capaz de aguantar cualquier tipo de golpe al cuerpo, pero se protegía su mandíbula y su nariz.

El director había señalado el punto débil, el lugar blando del oponente, y se regodeaba. Cuando salió por la pantalla el gran combate, el héroe fue a buscar el rostro del hombre y lo golpeó sin descanso. Cuando su oponente subió sus manos para proteger su rostro, el héroe lanzó duros golpes al estómago. En cuanto las manos del luchador con mandíbula de cristal bajaban, el héroe volvía a buscar el rostro.

Cuando terminó la pelea, el luchador con mandíbula de cristal yacía inconsciente en la lona mientras la multitud aclamaba.

En la película seguían llamándolo "la mandíbula de cristal", y a veces lo he oído haciendo referencia a algún "punto débil". Es el lugar donde somos sensibles, donde fácilmente nos sentimos ofendidos o desanimados.

También es el lugar donde por lo general nos ponemos a la defensiva. Es decir, haremos lo que sea para proteger el lugar donde somos vulnerables y otros pueden herirnos.

Todos tenemos puntos débiles, y mientras estén ahí, automáticamente nos pondremos a la defensiva para protegernos. Alguien desafía una frase que hemos dicho o se ríe por cómo hablamos. Trabajamos en una presentación, y nuestro jefe se burla de nuestro trabajo y lo llama simplista.

No superamos la mandíbula de cristal, pero podemos aprender a vencerla. Por ejemplo, me encanta cantar y a menudo voy por la casa haciendo eso. Sin embargo, honestamente no canto bien. Me llevó mucho tiempo darme cuenta de eso porque mi voz a mí me sonaba bien.

> Todos tenemos puntos débiles, y mientras estén ahí, automáticamente nos pondremos a la defensiva para protegernos.

No era que me defendiese, pero a veces me enfurruñaba o me sentía herido cuando alguien hacía algún comentario acerca de mi voz. Pero cuando finalmente admití que no podía dar el tono, la victoria estaba a la vista. El problema no es tener un punto débil; es la necesidad de proteger ese punto débil.

Hoy día cuando la gente ocasionalmente se burla de mi canto, mi respuesta es simple. "Es lo mejor que me sale".

Estoy aprendiendo a aceptar mis puntos débiles. Cuanto antes los acepte, menos energía pongo en protegerlos.

36

Lidiando con los celos

NO IMPORTA QUIÉNES SEAMOS, LOS celos entran en nuestra vida. Es una respuesta natural.

Alguien consigue un ascenso que nos gustaría a nosotros, o no sentimos que la persona lo merezca. Alguien es honrado por su trabajo y sabemos que nosotros hemos trabajado tanto o quizá más. Nos sentimos como la niña en tercer grado que sabía que era la que mejor escribía y leía de la clase, pero la maestra recompensó con la estrella de oro a Sarah por ser la número uno. O el adolescente en la secundaria que trabajó mucho más que cualquiera de sus compañeros de equipo para aprender a lanzar, pero el entrenador escogió al perezoso de Tom como capitán, un tipo al que no le gustaba mucho el juego.

La lista continúa porque a todos nos tocó ser ignorados, rechazados o subestimados. *Sabemos* que somos más aptos, brillantes, tenemos más experiencia, compromiso con la compañía... pero es otro el que gana.

Como escritor, llegué a darme cuenta de que ciertos escritores tenían un éxito extraordinario. No creía que fueran tan buenos, y estaba dispuesto a enseñarles o a decir a todo el que escuchase por qué yo era mejor. Pero sus ventas eran mayores y, en nuestra cultura, el logro es más importante que la calidad o la habilidad.

Cuando me di cuenta de mis celos, aunque tardé un tiempo en admitir que eso es lo que tenía, tuve que hacer algo para cambiar mi actitud.

Podía resentirme con ellos, albergar pensamientos negativos acerca de haber sido discriminado, alegrarme cuando tenían un fracaso o incluso decir a todos lo poco que se lo merecían. Podía hacer eso, y sí, con vergüenza lo confieso, admito que hice esas cosas varias veces.

Un día me di cuenta de que tenía una mala actitud, y mis opiniones no tenían efecto alguno sobre las personas de las que estaba celoso. Su éxito no tenía nada que ver con el mío (o mi falta de éxito).

Por ese tiempo, varios escritores que yo había mentoreado pasaron a disfrutar de las primeras mieles de su éxito. Yo me alegré genuinamente por ellos. "Has trabajado para esto", les decía. "Me alegra que lo hayas conseguido".

No me parecía coherente que pudiera estar celoso de algunos y a la vez aplaudir a otros. Así que comencé a razonar la situación:

> Un día me di cuenta de que tenía una mala actitud, y mis opiniones no tenían efecto alguno sobre las personas de las que estaba celoso.

1. Quería alegrarme por todo el que tuviera éxito.
2. Creía que algunos merecían recompensas por su trabajo.
3. No sé qué pasaba por dentro de los demás de quienes yo pensaba que se lo merecían menos.
4. ¿Quién era yo para decidir quién lo merecía y quién no?
5. Si le agradaba a Dios bendecir sus esfuerzos, ¿quién era yo para decirle a Dios que eso estaba mal?
6. Los celos eran mi forma de articular mi prejuicio, pero mis sentimientos no cambiaban nada.

Con estos pensamientos en mente, decidí en base al programa que a menudo se conoce como *fíngelo hasta que lo consigas*. Comencé a felicitar a mis amigos (e incluso a los que apenas conocía) por sus logros.

No puedo destacar ningún momento mágico en el que fingirlo se convirtiera en realidad, pero ocurrió. Quizá una razón sea por cómo esas personas que yo pensaba que no lo merecían respondieron. No detecté engreimiento o una actitud que dice: "Yo trabajé para esto, así que me lo merezco".

Su sorpresa por mis palabras me hizo darme cuenta de que eran probablemente tan inseguros como yo. Eso me ayudó a responder con gozo a sus logros. Fui capaz de decir: "Me alegro por ti".

Esto es lo extraño del asunto: cuanto más les felicitaba, más rápidamente desaparecían mis celos. No solo aprendí a apreciarles; de alguna forma inexplicable, Dios decidió bendecirme más. No estoy seguro de que fuera una situación directa de causa y efecto, pero sé que comencé a ser diferente. Mis ventas aumentaron y vendí más libros, aunque ese no era el propósito de mi cambio.

Hoy puedo decir con toda franqueza que estoy genuinamente feliz por otros en mi profesión. Quiero que tengan éxito. Luché con los celos (y de vez en cuando hay puntadas de celos que quieren colarse en mi mente antes de hacerlos desaparecer), pero he aprendido a disfrutar del éxito de otros.

Apreciar los logros de otros me permite disfrutar de mi propio éxito.

37

El caos del enojo

David Morgan es el mejor amigo que he tenido jamás, y debido a nuestra amistad, quise darle algo especial en Navidad. Aunque hemos sido amigos íntimos durante mucho tiempo, el intercambio de regalos no ha sido parte de nuestro ritual. Pero un año quise mostrarle mi aprecio por nuestra amistad.

Como sabía que le gustaba el helado de chocolate, supuse que le gustarían los bombones. Así que le compré una costosa caja de bombones y se la llevé.

—No como bombones —dijo David. Me devolvió la caja sin abrir.

Miré fijamente al paquete envuelto. Me dolió su rechazo. Sentí enojo y en mi interior le llamé desagradecido y desconsiderado. No dije las palabras, pero hablamos después de ello. También me di cuenta de lo enojado que yo estaba.

Tardé varios minutos en descubrir por qué estaba tan decepcionado. Se redujo a una palabra: *expectativas*. Mientras pensaba en darle el regalo y lo envolvía, mi corazón se llenó de imágenes mentales de su alegría al recibir el inesperado regalo.

Anticipaba algo de Dave que no pudo darme. Él no estuvo a la altura de mis expectativas. Después me di cuenta de que esa fue la razón de mi enojo. Había anticipado su sorpresa y su profunda alegría.

Esa es solo una ocasión en la que lidié con el caos del enojo. Pero fue el comienzo del entendimiento de una poderosa lección. Cuando espero una respuesta en particular y no la recibo, por lo general respondo con palabras acaloradas.

Me parece muy obvio ahora, pero estos son algunos ejemplos.

- Conducía por una calle principal, y un hombre salió de una calle lateral y se me cruzó. Tuve que pisar el freno para no chocarme contra él y le grité a través de mi ventanilla, aunque estaba subida. Esperaba que él esperase.

- Un amigo mío había trabajado para una gran compañía durante casi una década. Su padre estaba muriendo de un cáncer de próstata inoperable. Visitaba el hospital de camino a su trabajo cada mañana. Debido a la congestión de tráfico, llegó tarde a trabajar dos mañanas seguidas.

  Su supervisor le gritó por llegar tarde. (Pensar: expectativas del supervisor). Todos en la oficina sabían que el padre de mi amigo se estaba muriendo, así que gritó a su supervisor por ser un patán (aunque él usó palabras más fuertes). (Pensar: él anticipaba entendimiento y comprensión, cosa que no obtuvo).

- Iba detrás de un Lexus último modelo que se acercaba a la salida de un aparcamiento. Estaba claramente marcado que se debía apretar un botón verde, recibir un ticket de aparcamiento y luego la puerta se abriría.

  La mujer delante de mí estaba allí detenida, esperando. Yo hice sonar ligeramente la bocina de mi automóvil y no recibí respuesta. Un automóvil se puso detrás de mí, y también tocó la bocina. El asistente de la línea de salida se acercó apresuradamente, apretó el botón y le dio un ticket. Volvimos a esperar. No pude verlo, pero imagino que estaba poniendo el ticket en su bolso o algo. Sonaron tres bocinas detrás de mí.

Todos los conductores detrás de ese Lexus esperaban una forma de conducta, y la mujer no respondió como habíamos anticipado.

Quizá es obvio, pero pienso que incluso se complica más. Asumimos que hay una norma de conducta obvia y particular. Creemos en esa regla y generalmente la seguimos. Cuando la violamos, sentimos que tenemos razones válidas para hacerlo y nos olvidamos de nosotros mismos.

Pero no estamos tan dispuestos a dar a la otra persona ofendida la oportunidad de vivir según nuestras expectativas.

No es de extrañar que tengamos tantos problemas con el enojo.

Si espero cierta conducta y no la recibo, puedo enojarme. O puedo cambiar mis expectativas.

38

Ser verdaderamente fuertes

"Yo no perdono; solo me vengo". Recuerdo oír esa frase en una película y a la gente aclamar.

Es ingenioso.

También es triste.

La película, recuerdo, era acerca de la venganza. Los malos le hicieron algo al héroe, y él planeó hacerles un daño peor que el que le habían hecho a él. El mensaje es que él era fuerte y poderoso y, por consiguiente, no perdonaría.

No creo en la injusticia, y no creo que debamos olvidar el concepto de justicia cuando la gente nos hace cosas terribles. Como creo en la justicia y la integridad, también digo que las personas tienen que responsabilizarse de sus errores.

Pocos nos vemos envueltos en situaciones de vida y muerte o esos momentos en los que las represalias parecen ser la única forma de arreglar los errores. Gandhi y Martin Luther King Jr. defendieron la no violencia pacífica. Defendieron pasivamente los males de la sociedad y estuvieron dispuestos a ir a la cárcel por quebrantar leyes que consideraban injustas.

Para la mayoría de nosotros, sin embargo, las injusticias que nos rodean son las palabras de crueldad, el trato preferencial que alguien recibió, las mentiras que alguien dijo de nosotros, o nuestro trabajo duro por el que otro recibe el mérito.

A la mayoría nos gusta pensar que somos fuertes. Leales. Que defendemos el bien. Yo también me siento así.

Pero hay una cualidad en la que debemos ser verdaderamente fuertes. Hay algo que podemos hacer. No es un consejo para cobardes o debiluchos; es un consejo para los que entienden la vida.

Aquí está: *perdonamos*. Puede que no sea fácil, y puede que tengamos que luchar para soltar nuestras ofensas. Tenemos que dejar de pensar que quienes nos lastiman merecen cualquier tipo de castigo que podamos amontonar sobre ellos.

Pero mientras retengamos el perdonar a los demás, nosotros somos los perdedores; nosotros somos los debiluchos. Se necesita verdadera fortaleza de carácter para decirle a alguien: "Te perdono", y decirlo de verdad. Es incluso más valiente cuando ellos obviamente nos hicieron daño a propósito.

Se necesita verdadera fortaleza de carácter para decirle a alguien: "Te perdono", y decirlo de verdad.

Me acuerdo de una historia del libro de Génesis. A los diecisiete años, los hermanos de José están celosos (con parte de justificación), y le odian (lo cual no tiene justificación). Le venden a unos mercaderes, los cuales le llevan a Egipto y le venden de nuevo. La saga de José es el relato más largo del libro de Génesis; leemos que se produce una grave injusticia tras otra.

José finalmente llega a ser la segunda persona más importante de Egipto, sujeto solo al rey Faraón. Salva a quienes después se convertirían en la nación de Israel.

A pesar del mal que le hicieron, José mantiene su integridad; no vemos amargura o enojo hacia sus diez hermanos. En el capítulo final del libro de Génesis, su padre, Jacob, muere. Los hermanos suponen que, con la muerte de su padre, José se vengará. Eso es probablemente lo que ellos harían, y suponen que él piensa igual. Van ante su hermano, le ruegan que les perdone y finalmente claman: "¡Seremos tus esclavos!".[6]

Pero José es más fuerte que ellos. "No tengan miedo. ¿Acaso soy yo Dios para castigarles? Ustedes intentaron hacerme daño, pero Dios lo usó para bien. Él me trajo hasta esta posición para poder salvar las vidas de muchas personas. No, no tengan miedo".[7]

José perdona a sus hermanos aunque se vio ante la muerte, soportó años de injusta servidumbre y le acusaron falsamente de un delito. Eso es una persona fuerte. Ese es alguien cuyas acciones también dicen: "Soy lo suficientemente fuerte como para perdonar".

Aunque soy débil de muchas formas, quiero ser fuerte y perdonar a los que me han lastimado.

39

Solo los fuertes

EL OTRO DÍA RECIBÍ UN correo de un amigo. Me había pedido la dirección de otro amigo, y se la di de mi base de datos. Dos días después mi amigo me escribió: *La dirección de correo que me diste está equivocada. Por favor envíame la correcta.* Él incluía el correo que él había enviado. Sin darse cuenta había escrito mal la dirección, y por eso es natural que le llegara devuelto.

En vez de volver a enviar la dirección, simplemente le reenvié su correo. Mi amigo lo recibió, le contestó y todo arreglado.

Salvo (esto es trivial, pero dice algo de mi amigo) que él se había equivocado y no admitió que fue error suyo. Me culpó. Podía haberme enviado un mensaje sencillo diciendo que el correo le había sido devuelto, sin culparme a mí. Pero no estaba dispuesto a admitir su error.

Conozco a este amigo desde hace casi veinte años, y es un rasgo que ya había apreciado antes en él. No estoy escribiendo esto para condenarle, sino porque quiero proponer un antídoto.

Quiero compartir una frase sencilla y fortalecedora. No tiene que estar en estas mismas palabras mientras lleve el mensaje: "Yo estaba equivocado". Podemos aligerarla con un simple: "Mea culpa". A menudo oigo hoy día: "Fallo mío". Todas son buenas, cuando lo decimos de verdad.

No obstante, he descubierto que algunas personas no pueden usar frases tan simples. "Doy una imagen de debilidad", me dijo un hombre cuando intenté que lo dijera.

Yo respondí con: "Solo los fuertes pueden decir 'Estaba equivocado' o 'Lo siento'". Probablemente leí eso en alguna parte, pero encajaba en la situación.

Todos cometemos fallos y errores de juicio; eso forma parte de estar vivo. Pero los fieles y los exitosos son los que asumen la responsabilidad de sus propios fallos. Y a veces ser responsable es el comienzo de resolver un problema serio.

"Cometí un error". Tres palabras. O intente: "Estaba equivocado". Esta tiene solo dos.

No es una reacción natural admitir que estábamos equivocados, pero es una gran destreza para practicar. Cuanto más frecuentemente podamos admitir nuestros errores, más capacitados estamos. Quizá suene contradictorio.

> "Cometí un error".
> Tres palabras.
> O intente: "Estaba equivocado".
> Esta tiene solo dos.

Admitir que hemos fallado, que adoptamos la actitud incorrecta, que cometimos un error de juicio; eso es capacitador. Liberador. Hacer frente a nuestro fallos elimina un gasto tremendo de energía para esconder nuestras faltas, para señalar la culpa en otros o para negar el conocimiento.

He observado este principio en noticias nacionales e internacionales. Cuando las celebridades se meten en problemas, su primera reacción es por lo general negar la acusación. Pero si las alegaciones son ciertas, la verdad a menudo sale a la luz: consumo de drogas por deportistas de élite, mala conducta sexual de un ministro conocido, o fraude de un magnate de Wall Street.

Los pocos (y han sido solo unos cuantos) que se levantaron y dijeron: "Yo lo hice. Me equivoqué, y lo siento", ganaron nuestra admiración. Les perdonamos o pasamos por alto sus fallos. Pero los otros, los que finalmente deben decir frases similares porque la evidencia está ahí para convencerles, tienen poco efecto sobre nosotros. Nos mintieron, e intentaron engañarnos. Perdimos el respeto por ellos, respeto que no pueden volver a ganar fácilmente.

Los que admiten sus faltas inmediatamente quizá no vuelvan a su lugar de preeminencia, pero les admiramos. Y les otorgamos el poder de levantar su cabeza en público.

Quizá es obvio cuál es la respuesta. Si lo es, esta es mi pregunta: ¿Por qué no lo hacemos?

Regresaré a una frase que escribí arriba:

Solo los fuertes pueden decir: "Estaba equivocado" o "Lo siento".

40

El perdón no es una absolución

No hace mucho leí una frase interesante en un blog. La persona escribió acerca de saber que tenía que perdonar a sus padres por cómo le habían maltratado, aunque no entró en detalles acerca de los asuntos. Siguió hablando de su resentimiento y su resistencia a perdonarles. Dijo que perdonarles sería como si les estuviera dando una entrada gratis por todo el daño que le habían causado.

Esas fueron una palabras profundas, y las medité a ratos durante un par de días. Apreciaba que ella fuera consciente de que perdonar o no perdonar era asunto suyo, no de sus padres.

Al perdonarles (lo cual hizo después de una larga e intensa lucha), ya no tendría que cargar con los dolorosos recuerdos dentro de su cabeza y su corazón. Durante mucho tiempo se había aferrado a su indisposición a perdonarles, como si eso les lastimara a ellos.

"Llevan muertos más de cinco años, y aún me aferraba —dijo ella—. Un día me pregunté a mí misma: '¿Cómo les estoy lastimando?'. Fue entonces cuando decidí que tenía que perdonarles, no por ellos, sino por mí".

Dijo otras dos cosas importantes:

Primero, cuando perdonamos, no absolvemos a otros de lo que han hecho.

Segundo, si nos aferramos y rehusamos perdonar, nos hacemos prisioneros de nuestro propio rencor y dolor. De alguna manera eso nos hace sentir doblemente el dolor. No solo la gente nos lastima, sino que si nos aferramos y rehusamos soltarlo, estamos capacitando a sus acciones pasadas para seguir lastimándonos en el presente.

Perdonar genuinamente a otros *nos* hace libres. Podemos rehusar aferrarnos a nuestro dolor y abrir las puertas de la prisión del dolor y el sufrimiento a través del perdón.

Perdonar genuinamente a otros *nos* hace libres.

Doy por hecho que la historia de la mujer era extremadamente dramática, y la mayoría de nuestras heridas no nos golpean tan fuerte. La gente se aprovecha de nosotros, traiciona nuestra confianza, nos miente o miente acerca de nosotros. La mayoría de nuestras heridas de otros vienen en pequeñas dosis. Quizá no nos parezca que así sea cuando ocurre, pero según vamos teniendo perspectiva, sabemos que es cierto.

Pero grandes o pequeñas, duelen. Es como si hubiésemos desarrollado una infección. Podemos adoptar una acción drástica, o podemos permitir que esa infección crezca por dentro y afecte a todo nuestro sistema. Podemos dejar que nos infecte a tal grado, que tan solo la mención del nombre de la persona nos produce más dolor y una infección más profunda.

Usando una metáfora distinta, podemos escoger salir de la oscuridad emocional y entrar en la maravillosa luz.

El perdón admite que hemos sentido el dolor. No lo hemos ignorado ni huido de él. Si negamos que nos ha dolido, solo estamos permitiendo que la infección se extienda más. Una vez que nos cansemos de los altibajos emocionales de luchar contra los enemigos, quienes probablemente ni siquiera saben que son enemigos (o no les importa si lo saben), comenzamos a pasar a la acción.

Lo hacemos egoístamente, perdonamos por nosotros mismos y porque queremos una vida mejor. Y como la mujer concluyó en su blog, perdonar no es absolver a otros. Significa que admitimos lo que han hecho, aunque nunca reconozcan ningún error o ser la fuente del dolor.

Perdonar a otros demuestra cuánto valoramos el perdón que Dios nos ha dado. Cuando reconocemos nuestros propios fallos y lo poco que merecemos el perdón divino, lo cual llamamos gracia, somos capaces de perdonar.

Perdonar no es absolverles sino absolvernos a nosotros de la amargura y el dolor.

No perdono para absolver a otros.
Perdono para hacerme libre.

41

Una nueva lección sobre el perdón

HE TENIDO QUE PERDONAR A muchas personas a lo largo de muchos, muchos años de vida. Perdonar a otros es intrínseco a cada religión y cada cultura ética. Tenemos que aprender a ir más allá de los desaires o los asaltos directos sobre nosotros.

Algunos perdonan con más facilidad que otros, y todos perdonamos con menos reparos en ciertas circunstancias.

Aprendí una lección incalculable acerca del perdón hace muchos años. Asistí a una reunión de negocios de la comunidad, y un hombre cuyo nombre solo recuerdo como Mac McMillan estaba en el punto de mira. Unas cuantas personas en la comunidad estaban decepcionadas por la forma en que manejó las cosas. Conocía poco acerca de la situación, pero fui porque tenía una breve presentación sobre un tema distinto.

Mi esposa estaba enferma, así que llevé a nuestro hijo, John Mark, conmigo. Tenía unos ocho meses y había estado todo el día muy exigente. Durante la primera parte de la reunión y mientras hice mi presentación, durmió en su carrito. Unos diez minutos después de sentarme, John

Mark comenzó a lloriquear. Yo temía que empezase a llorar muy alto, así que le cargué y le saqué al vestíbulo.

Justo entonces una señora salió del baño. La conocía ligeramente, y ella se acercó y hablamos de bebés. Ninguno dijo nada de lo que estaba ocurriendo dentro.

En ese momento, Mac salió y bebió de la fuente de agua. Se dio la vuelta y miró a la mujer fijamente y después a mí. Ella inmediatamente regresó al interior.

—Así es como actúas, ¿verdad? —me gritó—. No pones objeciones ni haces preguntas, pero sales aquí para poner a la gente en contra mía.

Él siguió diciendo cosas, sin dejarme responder. John Mark comenzó a llorar, probablemente por el ruido. Intenté explicar a Mac que no habíamos hablado de nada que tuviera que ver con él. Él se fue, y justo antes de regresar a la reunión por otra puerta, gritó algo. No pude oír lo que dijo.

John Mark lloraba más fuerte, así que decidí llevarle a casa. Pero seguía pensando en lo que dijo Mac. Yo era inocente, y no había tenido la suficiente cortesía como para darme la oportunidad de explicarme.

Me retiré de ese grupo de la comunidad y nunca volví a ver a Mac. Pero no le olvidé. Él estaba equivocado, y yo tenía razón. Me enojó no haber tenido la oportunidad de aclararle las cosas.

No estoy seguro de cuánto me aferré a ese enojo y dolor. No conocía muy bien a Mac, pero ciertamente no estaba en contra de él. Seguí intentando buscar maneras de explicarme, para hacerle ver que estaba equivocado.

Nos mudamos poco después de eso, así que Mac estaba fuera de mi vida, pero el recuerdo y el enojo aún seguían ahí. Un día me di cuenta de algo: *No quería perdonar*. Solo quería demostrar que él estaba equivocado. Quería verle de nuevo y decirle que era un hombre estúpido y amargado.

Mientras sintiera una compulsión de demostrarle la verdad, decirle lo mal que había actuado, o demostrar que me había juzgado mal, no

> Me enojó no haber tenido la oportunidad de aclararle las cosas.

podría soltarlo. Cuando no necesité tener la razón, fui capaz de perdonarle.

El principio funciona así en todo tipo de situaciones. Con mucha frecuencia en las disputas con otros he necesitado tener razón o estar en lo cierto. Aferrarme ha demostrado ser un tipo extraño de consuelo. Puedo decirme lo terrible que es la otra persona, y por extensión, lo bueno y noble que soy yo.

Cuando pude ignorar lo que Mac había hecho y enfocarme en mi actitud, pude soltarlo. ¿Sencillo? Sí, pero mientras necesitara ser inocente, tener razón o ser justo, no podía soltarlo.

Cuando pude dejar a un lado mi santurronería, y eso era, pude decir: "Perdono a Mac". También dije: "Me perdono por aferrarme a esto".

*Cuando ya no necesito tener razón,
soy capaz de perdonar.*

42

Perdonarnos a nosotros mismos

"HE METIDO LA PATA".

"He fracasado".

"No he estado a la altura de mis propios ideales".

La mayoría nos hemos dicho cosas como estas a nosotros mismos muchas veces. ¿Quién de nosotros lo hace todo bien siempre? Eso no es para animar el fracaso, sino para ayudarnos a aceptarlo como parte de la vida.

Una de las cosas de la vida que no tiene sentido para mí es que a menudo sé exactamente lo que debo hacer. Me digo que lo haré y luego no lo hago. Trabajo contra lo que sé que está bien.

Quizá es porque tengo poca voluntad, o quizá es porque mi voluntad de hacer lo que quiero es demasiado fuerte.

Con frecuencia, mi problema es más simple. Cometo errores. Quizá algunos escogen decir: "Fracaso" o "Peco" o "Hago alguna estupidez", y todo es cierto. Con el tiempo voy más allá de esas cosas. Pero el lugar donde tengo problemas es a la hora de perdonarme a mí mismo.

Por ejemplo, ciertas personas me decepcionan. Soy consciente de que tocan partes sensibles de mi ser, así que me quedo atascado en una confrontación. No siempre verbalizo mis sentimientos, pero soy consciente de ellos. No grito: "¡Eres un patán!", y no intento contraatacar.

Cuando me calmo y me alejo de su presencia, revivo el incidente. Perdonar a esos individuos por ser rudos o insensibles por lo general no me supone ningún problema. La verdadera lucha es perdonarme a mí mismo.

Esta es la razón: sé que no debo. He sido un bocazas. He dicho o pensado algo inapropiado. Solo porque la otra persona sea ruda no me da derecho a responder de la misma forma. Si yo hago algo que considero que no es ético o amable y me doy cuenta después, me excuso diciendo: "No me di cuenta de que lo había hecho".

Pero ese no suele ser el problema.

Sé que no debo.

Ese es el punto central. Si grité enojado o fui consciente solamente después de mi mala conducta, no me importa tanto. Pero sé lo que estoy haciendo. Sé exactamente lo que estoy haciendo en el mismo momento de hacerlo.

Una vez intenté explicar esto a un corpulento amigo mientras nos sentábamos en una comida comunitaria en la iglesia. Al parecer, él no podía entender lo que yo estaba diciendo. Dejé de intentar explicar y dije:

—Es el tercer postre que te comes.

—Lo sé, pero no lo puedo resistir.

Fue entonces cuando me reí.

Marv entendió.

—Tienes razón. Sé que no debo, pero no puedo olvidarme del dulce.

La solución de Marv fue ganar más peso y seguir sintiéndose culpable cada vez que comía de más, lo cual ocurría al menos una vez al día.

El peso no es un problema para mí, pero lucho con algunos hábitos molestos (me gusta más llamarlo así que *pequeños pecados*). Sé que no debo, pero los sigo haciendo igualmente.

Hay dos cosas que me han ayudado en mi batalla.

Una es que leí las palabras de un hombre muy educado, probablemente el cristiano más famoso del primer siglo... el apóstol Pablo. Él escribió a la gente de Roma: "Quiero hacer lo bueno, pero no lo hago. No quiero hacer lo malo, pero lo hago".[8] Eso me ayudó a darme cuenta de que incluso las personas más santas aún fallan. No quiero que eso sea un excusa, pero me recuerda que nadie alcanza la perfección.

> lucho con algunos hábitos molestos (me gusta más llamarlo así que *pequeños pecados*). Sé que no debo, pero los sigo haciendo igualmente.

Segundo, un amigo llamado Bob Ramey una vez escuchó mi autoflagelación y dijo:

—Si yo fuera la persona que sigue haciéndote algo mal y cada vez te pidiera perdón, ¿me perdonarías?

—Sin lugar a dudas.

—Compórtate con Cec como te comportarías conmigo.

Eso suena sencillo y quizá lo es, pero esa frase cambió mi forma de pensar. Si podía ver a Cec Murphey como otro ser humano y fuera consciente de su fallo, aunque él supiera que no debe, le perdonaría.

He tenido que aprender a ser compasivo conmigo mismo como lo soy con los demás. Bob me enseñó una gran lección.

Como he aprendido a perdonar a otros, puedo aprender a perdonarme a mí mismo.

43

Necesito a mis enemigos

SUS PALABRAS ME DEJARON ANONADADO. Durante el descanso de un seminario, tres de nosotros hablamos sobre las personas negativas de nuestra vida y lo mucho que nos complicaban la vida. Dos contaron historias de personas gruñonas con las que habían tratado.

Yo estaba listo para hablar de una persona particularmente ofensiva cuando un cuarto hombre, un extraño cuyo nombre nunca me aprendí, nos oyó y dijo:

—Miren, ustedes necesitan a sus enemigos.

—¿Y por qué necesito a mis enemigos? —pregunté—. ¿Por qué necesito personas que empeoren mi vida?

—Resuélvanlo ustedes mismos —dijo, y se alejó.

Uno de mis amigos mencionó lo rudo que había sido el extraño, y eso hizo que la conversación fuera en otra dirección. Pero de camino a casa, pensé en el comentario que hizo el intruso.

Aunque eso ocurrió hace semanas, al seguir meditando en su frase he decidido que tiene razón. Necesito a esas personas negativas, odiosas, molestas y con mala intención en mi vida.

No me gusta lo que dicen, y a veces me ofendo. Algunas veces me he enojado por cosas que han hecho. Me he sentido ofendido y he querido contraatacar diciéndoles lo despreciables e insensibles que son. (Por lo general no lo he hecho, pero he pensado en ello).

Y sin embargo, necesito a esos enemigos. Les necesito porque mis amigos afirman las cosas buenas de mi vida. Ellos me aprecian y animan. A veces dicen cosas negativas de mí, pero puedo por lo general aceptar sus comentarios. Como me aman, cubren los comentarios más críticos con buenas y cariñosas palabras.

Enemigos a menudo nos hacen un favor... Ellos nos fuerzan a admitir nuestras imperfecciones y defectos.

Pero no mis enemigos. Ellos por lo general no intentan suavizar sus palabras sino que las sueltan con estrépito. No estoy seguro de si tienen la intención de lastimarme (posiblemente), o si lo dicen por lo que ellos consideran que es mi propio bien (otra posibilidad), o quizá son tan solo personas negativas (podría ser).

Esto es algo que he aprendido, y no ha sido fácil, y es que esos enemigos a menudo nos hacen un favor. Piense en el compañero de trabajo que siempre viene a intentar decirle cómo hacer algo mejor. ¿Qué hay con ese vecino que se queja frecuentemente de que usted no corta el césped? ¿Qué hay de esas personas odiosas que le dicen que habla demasiado, que no habla lo suficiente, que habla demasiado alto o que su voz es demasiado bajita?

A menudo ellos dicen algo insolente y se van. Nuestro instinto inmediato, por supuesto, es que están equivocados. A menudo lo están.

Si somos sabios, no obstante, escuchamos lo que dicen. A veces ven partes de nosotros que nosotros no hemos visto o no queremos ver. Ellos nos fuerzan a admitir nuestras imperfecciones y defectos.

Una mañana de domingo reciente en nuestra iglesia, uno de nuestros pastores predicó sobre el Sermón del Monte, las instrucciones de Jesús a sus seguidores que se encuentran en Mateo, capítulos del cinco al siete.

La parte que me golpeó fue: "Oísteis que fue dicho: Amarás a tu prójimo, y aborrecerás a tu enemigo. Pero yo os digo: Amad a vuestros enemigos".[9]

"Si no le gusta la palabra *enemigo* —sugirió el predicador—, use *oponente*", que era un buen sinónimo. (A fin de cuentas, estábamos en la iglesia, y supuestamente no odiamos a nadie).

Como resultado de ese mensaje, he pasado tiempo dando gracias a Dios por mis enemigos, a quienes defino como aquellos que no me quieren o me critican. Con demasiada frecuencia llevaban razón en su crítica pero se equivocaron en la manera de decirlo.

Esas personas que me despreciaron o dijeron esas cosas me permitieron ver un lado de mí que no escogería admitir. Ellos me hacen una mejor persona porque tengo que pensar en lo que dicen. Aún cuando están totalmente equivocados, me fuerzan a examinarme a mí mismo, mis actitudes y mis motivos.

Necesito a mis oponentes. A menudo dicen
las verdades que mis amigos no dirán.

44

Guardar nuestros secretos

MIENTRAS ME ALEJABA DE UN grupo de quince hombres que nos reunimos dos veces al mes para compartir el dolor del abuso sexual y físico de su infancia, meditaba en lo que me habían dicho.

Lo que más me afectó (aunque nadie lo dijo con estas palabras) fue: nada es tan solitario como guardar nuestros propios secretos. Mientras tenga algo escondido y no revelado, me veré constantemente protegiéndolo. Y me refiero a esas cosas de las que nos sentimos avergonzados, alrededor de las cuales gastamos una gran energía levantando muros para impedir que lleguen intrusos.

No queremos que otros conozcan nuestros más profundos pensamientos y sentimientos, y ciertamente tampoco las partes inaceptables de nuestro pasado. *Si otros conocen esas cosas, no les caeremos bien o quizá nos rechacen,* pensamos.

Sé esto por experiencia. Yo mantuve algo escondido porque no sentía que podía contárselo a nadie. Según la mayoría de los estándares, la información no revelada probablemente no era importante, y me doy cuenta de ello solo retrospectivamente. Pero mi secreto me molestaba, y no quería que nadie lo supiera.

Un día decidí que ya había guardado ese secreto el tiempo suficiente y que podía finalmente revelar los detalles a mi amigo David Morgan.

David y yo nos reunimos casi todas las semanas una hora o posiblemente dos. Nuestro único propósito es abrirnos el uno con el otro. No hablamos de deportes, trabajo o la política, a menos que influyan directamente en algo que hay en nuestro interior.

> ## Un día decidí que ya había guardado ese secreto el tiempo suficiente.

Le dije que era un secreto que pesaba mucho en mi alma. Bajé mi cabeza porque me daba mucha vergüenza mirarle a los ojos. La confesión salió, y me detuve.

David no dijo nada.

Le miré.

—¿Y? —preguntó.

—Eso es todo.

—Vaya.

Su respuesta de una sola palabra me impactó.

—¿Eso es todo lo que vas a decir?

David se encogió de hombros.

—¿Qué quieres que diga? —y se rió.

Yo también me reí. Mi amigo había oído mi secreto más profundo, protegido y vergonzoso, y a su forma estaba diciendo: "Bueno, ¿y qué? ¿Crees que eso hace que cambie mi trato hacia ti?". Su respuesta libre de juicio me liberó de mi vergüenza.

Lamento haber tenido esa terrible experiencia, pero la libertad fue maravillosa. En teoría, había sabido durante mucho tiempo que le podía contar a David cualquier cosa y él no me condenaría. Y había hablado de todo... excepto de *ESO*.

Después de arriesgarme, sabía que había hecho lo correcto. Mi obra oculta desde hacía tanto ya no era algo bajo tierra y amenazante. Era como si hubieran extirpado un gran tumor. Era libre.

No defiendo el ir contando a todo el mundo nuestros pensamientos y acciones más íntimos de una manera indiscriminada, pero si nunca se lo digo a nadie, estoy desesperadamente solo o con miedo. Mi pasado me retiene para no disfrutar del todo de mi futuro.

Solía pensar cuando hablaba con aquellos a los que llamaba buenos amigos: *Realmente no me conocen porque no conocen la parte más profunda y vergonzosa de mí.*

Y el secreto (o los muchos secretos) se convierte en un distanciamiento. No siempre grande, pero es como si pusiera un letrero sobre mí que dice: Peligro. No seguir avanzando.

Para mí, aferrarme a un acto vergonzoso era un fenómeno extraño. Como cristiano, creo en la confesión. Le había confesado a Dios ese hecho y le había pedido perdón. No me preguntaba si habría sido perdonado; asumí que lo fui.

Pero seguía cargando un horrible recordatorio vergonzoso. Finalmente descubrí que también necesitaba a una persona de carne y hueso, alguien a quien poder mirar a la cara y decir: "Quiero contarte algo...".

Cuando otro ser humano me escucha, me entiende y me acepta, verdaderamente sé que soy perdonado, y libre.

Nada es tan solitario como guardar mis secretos. Nada más me separa de otros seres humanos que la parte escondida de mi ser.

45

Las personas a las que recordamos

CUANDO LA VIDA NO TIENE mucho sentido y todo parece arrojarnos a una espiral descendente, tengo una cosa importante que decir: tenga cuidado de a quién le cuenta sus situaciones. No se trata de en quién confía; se trata del *efecto* que la conversación tendrá sobre usted.

Una vez después de la escuela dominical, Tim Fenbert y yo hablamos durante quizá cinco minutos. No recuerdo nada específico de lo que dijo. No me dio ninguna palabra de ánimo ni me enseñó nada nuevo, pero me fui sintiéndome mejor solo por haber estado con él.

Después en ese mismo día, Dan y yo hablamos durante casi una hora. Podría escribir un resumen de dos páginas de nuestra conversación. Después de irnos, sin embargo, me di cuenta de que me iba con la misma temperatura emocional con la que comenzamos. No es una queja, y sin embargo es típico de muchos encuentros.

Al día siguiente, me tomé un café con Rick. La mayoría de la charla trató de lo mal que le habían tratado en el trabajo. No consiguió el ascenso que había estado esperando y la valoración de su trabajo era "buena, pero no excelente". Estaba resentido.

Cuando me fui a la cama esa noche, revisé las tres conversaciones. Con Rick tuve la peor reunión que había tenido en semanas. El tiempo con Dan estuvo bien, sin ser particularmente especial, y aprendí algunas cosas.

El tiempo con Tim, no obstante, fue el diálogo más corto de los tres. No recuerdo lo que dijo Tim; pero no puedo olvidar cómo me hizo sentir.

Ese es el punto que quiero establecer. Cuando la vida es un caos o no tiene sentido, busque hombres o mujeres como Tim Fenbert.

En poco tiempo, deseché a Don y a Rick y me enfoqué en Tim. Aún me sentía con un poco de brillo dentro de mí cuando pensaba en estar con él. Él se enfoca en mi rostro cuando habla, y siento que está intentando ver lo que hay en mi corazón.

Y Tim no es la única persona así en mi vida. Mientras esperaba a que mi mente desconectara para dormir, pensaba en otras personas que conozco que son como Tim.

> No recuerdo lo que dijo Tim; pero no puedo olvidar cómo me hizo sentir.

Me reúno con Deidre Knight, mi agente literaria, para almorzar unas cuantas veces al año. Lo que tratamos no es tan importante como mi nivel emocional cuando ella se despide de mí. Me siento impulsado. Emocionado. Solo estar con Deidre e intercambiar ideas me emociona.

Ella me ha representado desde 1997, y no puedo pensar en una sola vez en la que nos hayamos visto en persona en la que no me haya ido sintiéndome elevado y animado. Aún cuando me contaba que algunas editoriales habían rechazado mis manuscritos, su presencia rebajaba el impacto de las malas noticias.

El otro ejemplo tiene que ver con una maestra de la escuela dominical, Marie Garbie. Cuando tenía unos diez años, estuve en su clase durante solo unos meses. No era una maestra particularmente buena. Pero años después, cuando me abrí lo suficiente para acudir a Dios, quise compartir mi experiencia de conversión con ella.

Sonrío cuando pienso en la razón. No recuerdo nada de lo que ella enseñaba, pero me hacía sentir que yo era el mejor niño que jamás había asistido a su clase (y me enseñó durante muchos, muchos años). No era que dijera esas palabras, o al menos no creo que así fuera, sino cómo me sentía yo.

Las personas como Tim, Deidre y mi maestra de la escuela dominical en mi infancia son el tipo de personas con las que quiero invertir mi vida. No quiero ignorar el sufrimiento y el dolor. Y hay veces en que necesito estar con ellos para levantarles. Pero cuando estoy deprimido y la vida es un caos, esas personas especiales que he mencionado son de las que tengo que disfrutar.

¿Por qué iba a estar alrededor de los que me deprimen o desaniman? Quiero estar con quienes, solo con su presencia, me hacen sentir amado y que quieren que tenga éxito.

Paso tiempo con quienes me hacen sentir mejor;
evito a quienes me desaniman o me abaten.
Me esfuerzo por ser una persona a quien otros
recuerden por la manera en que les hago sentir.

46

Lo que podemos hacer

UNA GRAN COMPAÑÍA COMPRÓ LA empresa para la que trabajaba Eric. Le clasificaron como "despedido" y se quedó sin trabajo.

Dos meses después, Eric me pidió que me reuniera con él para tomar café porque sentía que tenía que hablar con alguien.

—Cuando intento abrirme con mi esposa, ella se preocupa o llora —dijo.

Tres o cuatro veces repitió: "Nunca encontraré otro trabajo tan bueno como ese". Yo no sabía cómo responder. Eric finalmente se quedó sin palabras y me miró. Sus ojos parecían implorarme ayuda.

—Dime algo, dijo—. Alguna sugerencia. Estoy abierto.

Le mencioné otros trabajos en su campo general, pero no eran como el suyo. Él siempre tenía una razón por la que ninguno sería adecuado para él.

—No tengo esa educación —dijo acerca de dos de las posibilidades—. No tengo la destreza para eso —dijo de otro.

—¿Has pensado en regresar a la universidad para mejorar tu educación o para prepararte para algo nuevo?

—No podría hacer eso.

Me explicó todos sus problemas económicos, una hipoteca y pagos del automóvil, la lista habitual.

—¿Has hablado con alguno de tus amigos? ¿Les has preguntado si conocen de algo que te podría interesar?

Él movió su cabeza. —Sí, pero ninguno parece querer ayudarme.

No me extraña. Él tenía una respuesta negativa para cada sugerencia que le hacía. Lo que aprendí de Eric (y que he observado también en otros) es que estas personas son muy claras en cuanto a lo que *no pueden* hacer; sin embargo, parece que no son capaces de pensar en lo que *pueden* hacer.

Dan razones por las que no pueden tener éxito o explican por qué la vida les ha fallado u otros se les han colado en la fila. Es difícil ayudar a los Eric del mundo.

Pero esto es algo que he pensado cientos de veces. Cuando yo era adolescente, trabajaba para un hombre que tenía varias empresas. Una de ellas era una tienda de donuts. Encima de su máquina de donuts tenía pegado un poema que me aprendí de memoria:

Mientras vagas por esta vida, hermano,
Sea cual sea tu sendero,
Pon tu mirada en el donut,
Y no en el agujero.

El día que hablé con Eric pensaba en ese poema tan mal escrito pero perspicaz. Eric estaba tan enfocado en el agujero de su vida, que al parecer no era capaz de ver todo lo demás. No podía enfocarse en las posibilidades o en intentar algo nuevo y desafiante.

Para muchos de nosotros, esa es una fase que tenemos que superar. Como estamos abatidos, solo podemos pensar en lo que no podemos hacer, lo que no queremos hacer o lo que somos incapaces de hacer. Tenemos que ir más allá de eso y preguntarnos: "¿Qué puedo hacer yo?".

Es entonces cuando apartamos nuestros ojos del lugar vacío. Pero si continuamos mirando fijamente a lo que *no* está ahí, eso se convierte en el infame agujero negro que parece no tener fin. Descubrimos lo que hemos perdido, quizá lo que nunca podemos volver a tener, o nos quejamos de que se nos va la vida.

Eric sigue sin tener un empleo fijo después de casi tres años. Creo que se está quedando a vivir dentro del agujero negro y no es capaz de ver más allá de lo que no puede hacer.

La vida no siempre es divertida, y a menudo las cosas no tienen sentido, pero podemos dejar de mirar fijamente al vacío de la vida y enfocarnos en lo que podría llenarnos de contentamiento, quizá incluso de gozo.

Hay muchas cosas que no puedo hacer. Pero es más importante lo que puedo hacer.

47

Querer y conformarse

Nuestro hijo, John Mark, estaba en un internado en África. Era el día de los padres y una de las cosas destacadas era la carrera de cien metros. Nuestro hijo estaba emocionado porque se había anotado para participar. "Voy a ganar", dijo al menos dos veces. Su sonrisa me hizo darme cuenta de que se creía lo que decía.

La carrera comenzó y salió lanzado, con su mirada puesta en la meta. Su rostro brillaba e iba disparado hacia delante, con la decisión y la seguridad de una victoria evidente.

Nuestro hijo entró el último.

John Mark era el único niño de primer grado, y los otros nueve niños eran chicos de entre cuarto y octavo grado. No tenía probabilidad alguna de ganar, pero él no sabía eso. Él quería ganar y tuvo que conformarse con el último lugar.

Él lloró y yo le abracé, diciendo palabras sin sentido acerca de que la vida no es justa. Mientras yo sentía su terrible decepción, no había nada que pudiera hacer para cambiar los resultados.

Y así es como ocurre con muchos de nosotros. Nos enfrentamos a situaciones que no conocemos. Somos lo suficientemente ingenuos para pensar que podemos derribar cualquier obstáculo que encontremos; y a veces ganamos.

Pero no siempre. Y para algunos, no muy a menudo.

Supongo que la mayoría vivimos entre esas dos palabras de querer y conformarse. Querer significa soñar, visualizar el éxito, desear llegar al último peldaño de la escalera. Estamos seguros de lo que nos gustaría lograr, y si seguimos trabajando diligentemente, podemos alcanzar nuestras metas.

> La mayoría vivimos entre esas dos palabras de querer y conformarse.

Pero con mucha frecuencia no llegamos a la cima. Nos sentimos como si algo estuviera casi a nuestro alcance, pero no podemos estirar nuestras manos lo suficiente como para asirlo.

Así que nos conformamos con los que tenemos. A veces lo hacemos con alegría, pero la mayoría de las veces lo hacemos reticentes. Puede que nos consolemos diciendo: "lo intenté".

Nadie vive esa vida de ensueño de tener éxito en todo. Y nos duele reconocer que personas con menos talento, menos preparadas y menos ambiciosas nos adelantan o logran las cosas que nosotros queremos. "Parece injusto" es lo que decimos. O podemos despotricar contra estúpidos jefes que no pueden ver nuestro potencial.

Pero así es la vida, y hay ocasiones en que todos necesitamos aprender a conformarnos. Con esto me refiero a aceptar la vida como es. Hacemos nuestro mejor esfuerzo, y no sacamos la calificación o conseguimos lo que buscamos. Hemos fallado en una cosa que queríamos con mucho empeño. Pero como dice el dicho: "Hemos fallado en una cosa, pero no hemos fallado en la vida". Es decir, a menos que abandonemos.

A lo largo de los años he conocido a muchas personas que parece que no ganan y no se conforman con lo que tienen. Generalmente me dicen que todo está en su contra, que la red de "buenas personas" aún controla los resultados, o que rehúsan unirse a la camarilla y comprometer sus principios éticos.

Para la mayoría de nosotros, sin embargo, la vida se convierte en cuestión de querer lo mejor y conformarnos con lo que logramos. Mi amigo Jeff Adams lo dice así: "Busque la perfección; confórmese con la excelencia".

> Nadie vive esa vida de ensueño de tener éxito en todo.

Así es como me siento. Como escritor, cada vez que acuerdo escribir un manuscrito, anhelo que no tenga tacha alguna. Quiero ser tan bueno que un editor no pueda hacer ninguna corrección.

Nunca he podido entregar un manuscrito perfecto. Mis editores siempre han encontrado algo que cambiar. El que yo entregue un manuscrito perfecto nunca ocurrirá. Eso no me hace dejar de intentarlo o anhelar que sea perfecto, pero significa que tengo que conformarme con la excelencia. (Y "excelencia" significa producir la mejor obra que sea capaz de entregar).

Yo sé eso, pero aún sigo el consejo de Jeff. Quiero llegar a lo más alto y conformarme con el casi.

A pesar de eso, e independientemente de lo mucho que trabajemos, en algún momento nos derrotan. Aunque pensemos que es lo mejor, la otra persona puede menospreciar nuestro trabajo o ridiculizarlo.

Una vez nuestra segunda hija, Cecile, recibió una mala calificación en estudios sociales. Ella es una artista, y como ocurre con esa personalidad, no conseguía muy buenos resultados académicos. Fue incluso más duro para ella, creo, porque su hermana mayor siempre traía unas notas excelentes. Las lágrimas corrían por los ojos de Cecile cuando me enseñó su boletín de calificaciones.

Yo le abracé.

—¿Hiciste tu mejor esfuerzo? —le pregunté. Eso es lo que les he pedido siempre a nuestros tres hijos.

Ella asintió. —Sí, papi, lo hice.

—Eso es lo único que importa —dije. (Ella trabajó duro y consiguió a duras penas aprobar el curso).

Le dije esas palabras, pero algunas veces tenía que recordarlas y decírmelas a mí mismo: "Hice mi mejor esfuerzo". Apunté a lo más alto. No lo logré, pero lo intenté.

Por mucho que lo intente o lo muy alto que quiera llegar, no siempre logro mis metas, pero puedo aprender a conformarme por haber hecho mi mejor esfuerzo.

48

Alcanzar el poder

A LA MAYORÍA NOS GUSTA la palabra *poder*, especialmente si se refiere a algo que podemos controlar. Si podemos estar al mando, nos sentimos mejor. Quizá no siempre nos guste la responsabilidad o dar cuentas de estar en el peldaño más alto de la escalera, pero ¿no es maravilloso pensar que somos los mejores en algo?

Y quizá ese es uno de los problemas. Queremos poder; queremos tomar el control y estar en la cima de la colina.

En realidad, pocos llegamos a esa cima. Aunque lo hagamos, no dura demasiado. Hace unos años, mi amigo Jud Knight destacó la prominencia de las estrellas de cine con más dinero. "Normalmente están en lo más alto unos tres años —dijo—, y al cuarto año llega otro y les eclipsa".

Pensé que era revelador, ya sea literalmente tres años o siete. No importa lo alto que lleguemos, no podemos mantener nuestra posición en la cima. Siempre hay alguno (o muchos) que intentan arrebatarnos el poder.

Si eso es una verdad general, quizá tenemos que ver el poder de otra forma, y de una manera que sea contraria al pensamiento occidental. ¿Qué tal si dejamos que el poder nos controle?

Lo intentaré de otra forma. Alcohólicos Anónimos y otros grupos de ayuda mutua tienen programas de doce pasos. El primer paso en estos grupos comienza con: "Admitimos que no teníamos poder contra el alcohol" (o drogas o sexo), seguido de la admisión de que creen que "un poder mayor que nosotros podría llevarnos de nuevo a la sensatez". El tercer paso dice que decidieron "entregar nuestra voluntad y nuestra vida al cuidado de Dios según lo entendemos nosotros".

Es bastante sorprendente el gran lenguaje de Dios que hay en los doce pasos. También tienen cuidado en hablar de Dios como cada persona entienda el término. La mayoría de los miembros de AA que conozco se refieren a un "Poder superior" y pocos hablan del Creador.

Al margen del término, me identifico con sus percepciones porque implican que todos ellos llegaron a lo más bajo de un gran agujero y no podían salir por sí mismos. Pero alzaron sus brazos, y alguien, un poder más fuerte que ellos mismos, les sacó.

Y no tiene que ser alcohol, drogas o adicción sexual lo que nos haga clamar a un poder más fuerte fuera de nosotros mismos. Cuando estamos muy abajo, la única dirección en la que podemos mirar es hacia arriba, buscando el poder más allá de nosotros mismos.

Aunque yo procedía de una familia alcohólica, nunca he sido adicto. Pero llegué a ese momento de intensa necesidad. Mi historia es sencilla. A los dieciséis años aprendí la palabra *agnóstico* y sentí que me describía. No sabía si había un Dios y no me importaba.

A los veintiún años, sin embargo, me enfrenté a la vida y pregunté: "¿Esto es todo lo que hay?". Me había dejado una mujer con la que esperaba pasar el resto de mi vida, y fui lo suficientemente sensible para saber que no era el primer hombre a quien le había sucedido eso. Pero el trauma de ese acontecimiento me obligó a preguntar: "En esto consiste la vida? ¿Nacer, morir y altibajos entre medias?".

> Cuando estamos muy abajo, la única dirección en la que podemos mirar es hacia arriba, buscando el poder más allá de nosotros mismos.

Si esto es todo lo que hay, me preguntaba yo, ¿merece la pena vivir esta vida? Eso puede sonar deprimente o desesperado, pero no era ninguna de las dos cosas. Para mí, ese fue el momento (de hecho, fue un periodo de meses) en que admití que debía de haber algo más en la vida que lo que yo había experimentado.

Después de ocho o nueve meses de pensar, hablar con otros y especialmente tiempo de leer, comencé una nueva fase de mi vida. Me convertí en un cristiano serio. Fue entonces cuando comencé a unir palabras como *sentido* y *propósito* a mi vida.

¿Y qué tiene eso que ver con el poder? En mis momentos más oscuros, me daba cuenta de que probablemente en menor grado que la mayoría de las adicciones, yo carecía de poder. Tenía dones y habilidades; trabajaba mucho y sabía que probablemente podía tener éxito en cualquier terreno en el que entrara. Pero eso no era suficiente.

"¿Entonces qué? ¿Eso significa algo? —pregunté—. ¿No hay propósito para mi vida?".

Sabía todo lo que era correcto hacer, y sabía que no podía forzar el sentido en mi mundo. Necesitaba algo más allá de mí mismo. Repito: no soy el primero (o el último) en darse cuenta de esa realidad. Cuando tenemos algo mayor que nosotros mismos, tenemos sentido.

También tengo un propósito. No sé todo acerca de por qué estoy aquí en la tierra justo en este tiempo, pero soy consciente de al menos tres razones.

1. Estoy aquí para disfrutar de mi mundo.
2. Estoy aquí para crecer como persona.
3. Estoy aquí para acercarme y abrazar a otras personas.

Decido servir a un Dios que personifica el amor inagotable y la compasión que todo lo soporta. Cuando fallo (y soy muy bueno en no ser capaz de vivir a la altura de mis ideales más altos), tengo un lugar de absolución. Me confieso con Dios. Porque, como buen cristiano, estoy convencido de que Dios me perdona cuando me confieso, y tengo el poder de volver a vivir e intentarlo de nuevo.

No tengo un poder superior, pero estoy conectado a un Poder Superior.

49

Definir el éxito

Su pregunta me impactó, quizá porque no había pensado en ello antes. Él dijo:

—Tú eres alguien exitoso. ¿Cómo lo conseguiste?

—Supongo que soy exitoso, sencillamente no había pensado si lo era o no.

Cuando dije esas palabras, él se rió.

—Por eso lo eres. Si no fueras exitoso, probablemente estarías preocupado por ello cada día.

Quizá.

O quizá es algo que las personas que no son exitosas y quieren serlo sienten que tienen que preguntarse. El hombre que me preguntó tenía cualidades que respiraban logro. Era el hijo de un empresario rico, brillante, bien educado y elocuente. Ser alto y guapo no hacía daño. Pero de algún modo se saboteaba a sí mismo una vez tras otra.

No podía darle una respuesta por dos razones.

Primero, no sé cómo definir el éxito. Es como la pregunta: "¿Cuánto dinero necesitarías para ser rico?". Es una respuesta individual.

Para una persona, educar bien a sus hijos y que se sientan contentos sería un estándar de logro significativo. Para otra, sería la fama o los logros de alto nivel en un determinado campo.

Segundo, no sé cuáles son los pasos correctos que hay que dar para ser exitoso. Hace años, enseñé una clase de la escuela dominical de adultos y una mujer llamada Tracy respondió a una pregunta distinta con estas palabras: "Haz bien lo siguiente que tengas que hacer".

Puede sonar simple, pero esa frase se convirtió en mi mantra favorito cuando no estaba seguro de qué dirección tomar. Miraba al siguiente paso *correcto*. No sabía dónde iba, pero si iba hacia delante, siempre haciendo lo que sabía que había que hacer y no abandonando, era el paso correcto.

"Haz bien lo siguiente que tengas que hacer".

Esto es lo que finalmente descubrí. Las personas quizá lo nieguen, pero saben, o al menos sienten, cuándo están dando un paso erróneo. En alguna medida lo saben aunque ignoren su sabiduría interior y tropiecen en el camino de la conveniencia.

Un antiguo proverbio lo dice bien: "Si estamos mirando en la dirección correcta, lo único que tenemos que hacer es caminar".

¿Soy exitoso? Mi respuesta es: sí, en algunas cosas.

Sin embargo, ese no es el tipo de pregunta que me hago. Yo me enfoco en ser el mejor Cec Murphey que sé que puedo ser. Cuanto más me miro y me mido por lo que sé que está bien, más sentido tiene mi vida. Cuando permito que otra norma se convierta en la manera de medirme, me veo menos realizado.

Cuando fui a la universidad, estudié en el ámbito de la educación. Teníamos una asignatura obligatoria llamada Test y Medidas. En vez de poder usar gráficas para las pruebas de CI estándar, teníamos que tomar los resultados del test y computar la información y llegar a los marcadores correctos de CI.

Ese fue el curso más difícil que tuve en toda mi carrera académica. Pero para ese curso no era necesaria una calificación muy alta para aprobar, y la calificación no aparecía en nuestro boletín de calificaciones.

¿Tuve éxito en el curso? Según mis normas, por supuesto que sí, porque no suspendí el curso. No tener que volver a tomar la clase era mi medida. Aunque algunos de mis amigos sacaron muy buenas calificaciones, no me comparé con ellos. Si lo hacía, me hubiera sentido como un fracaso. No se me dan bien los números, y odio cuadrar mi talonario de cheques.

En vez de enfocarme en mi falta de destreza matemática, mi definición de éxito viene de dentro. Cuando escojo el camino superior en cualquier situación, el camino de la integridad, soy exitoso aunque los resultados no sean aceptables para otros. Además, aquellos con los que me puedo comparar probablemente no se den cuenta ni les importe si tengo éxito o fracaso.

Recientemente me dijo un amigo: "Hay dos principios sencillos para tener éxito. Primero, averigua qué cosas te interesan y *qué* haces bien. Segundo, cuando lo hayas descubierto, pon toda tu habilidad y energía en ello".

Tenía razón: sencillo. No siempre fácil, pero definitivamente es sencillo.

Nadie más puede definir mi éxito. Yo
puedo elegir mi propia definición.

50

Nuestras mayores fortalezas

CUANDO ESTABA EN LA UNIVERSIDAD, uno de mis profesores dijo: "Su mayor fortaleza es también su mayor debilidad". Eso sonaba bien, pero no desarrolló su idea.

Si entiendo lo que quiso decir, estoy de acuerdo.

Por ejemplo, los africanos me llamaban *Haraka*, que significa "rápido". Sonreí cuando oí por primera vez ese apodo, porque era una buena descripción. Cuando estaba en la secundaria, mi última clase antes del descanso siempre parecía ser la más retirada del edificio de la cafetería. Pero me movía lo suficientemente rápido (sin correr) para que no hubiera más de una decena de estudiantes haciendo fila para pedir algo de comer antes que yo.

El ayudante del director, el Sr. Hempstead, solía mover su cabeza y decir: "Ahí va Murphey el veloz". Así que cuando los africanos me llamaron Haraka, era porque habían observado la misma conducta.

Me gusta esa cualidad. Hago más kilómetros durante el día que otras personas.

Pero inevitablemente está la otra cara de la moneda. A veces paso por alto los detalles. Hay un viejo dicho acerca de detenerse para oler las rosas, y yo no siempre tenía tiempo para hacer eso. Me perdí muchas de las pequeñas cosas que hubieran hecho que mi vida fuera más significativa.

Cuando era pastor, unas cuantas personas dijeron: "Estaba muy ocupado, y sentía que no tenía tiempo para mí".

Ese es un comentario que las personas que nos movemos rápido recibimos regularmente. Esas palabras duelen, y no eran ciertas, pero entendía lo que querían decir. Parecía que yo siempre iba por el carril rápido, y que no paraba. Me podía haber defendido, pero había verdad suficiente en lo que decían como para que no hablase.

Mi profesor de la universidad tenía razón: mi fortaleza era también mi debilidad.

> Me gusta esa cualidad. Hago más kilómetros durante el día que otras personas. Pero inevitablemente está la otra cara de la moneda. A veces paso por alto los detalles.

He compartido un elemento de fuerza-debilidad, y todos lo tenemos. La difunta Maureen Hamilton era una oyente misericordiosa, y la gente se abría con ella. El aspecto negativo es que se quedaba, y se quedaba, y se quedaba, y parecía incapaz de dejar de escuchar. La queja que oía era: "Parece que no sabe cuándo irse a casa".

Quizá una razón por la que tenemos muchos conflictos en nuestra vida es que enfatizamos nuestras fortalezas, y son naturales para nosotros, y negamos las partes negativas de nuestras personalidades. Es difícil prestar atención a la mitad más débil, pero parte de llevar paz y armonía a nuestra vida tiene que ver con aprender a retener las tendencias naturales y a cultivar la parte "menor" de nuestra vida.

Me gusta cómo lo dice mi amigo Woody McKay: "Dios, dame la fortaleza para tratar con mis debilidades".

Valoro mis fortalezas mientras sigo siendo consciente de que también son mis debilidades.

51

Ignorar el éxito

"¿CÓMO PUEDO LLEGAR A SER exitoso?". Es casi irrisorio cuando oigo esa pregunta de alguien que tiene veinte años. Es como si pareciese que la persona quisiera decir: "¿Cómo puede comenzar en la cima en vez de tener que pasar por todos los pasos dolorosos para llegar allí?".

O quizá están intentando decir que quieren la guía para avanzar en la dirección correcta hacia el éxito como abogado, contable, maestro o (como la mayoría de los que acuden a mí) como escritor.

"Es una pregunta incorrecta", suele ser mi respuesta. "Estás poniendo tus energías y tu atención en el lugar erróneo. Ignora el éxito".

Eso por lo general suscita serias preguntas. Me recuerdan que el éxito es importante y que quieren ser significativos. Yo a menudo oigo: "Quiero establecer la diferencia". Muchos de los que quieren llegar a ser escritores insisten en que tienen una historia que deslumbrará a millones y que llegará a ser una película estupenda de éxito de taquilla. O tienen un mensaje que la gente necesita leer para mejorar sus vidas (o capacitarles para vivir más o más saludables o más felices).

Entiendo su deseo de llegar a la cima de la montaña, y no me opongo al éxito. Según la mayoría de los estándares, yo soy exitoso, pero esa no es y no ha sido mi intención. Como escritor, esta es mi manera de decirlo:

me comprometo a aprender y continuar aprendiendo. No oré pidiendo éxito (y realmente no lo esperaba).

Una vez, y solo una, oré porque un libro vendiera cien mil ejemplares, y lo hice solo porque un amigo me animó a hacerlo. Quería que yo orase por un millón de ejemplares, pero ese número estaba demasiado lejos de mi rango.

Me río ahora porque ese libro vendió menos de cuatro mil ejemplares. No volví a orar así nunca. En su lugar, me enfoqué en esforzarme lo máximo y seguir mejorando.

Enfóquese en lo que a su corazón le guía a hacer... Concéntrese en hacer lo que pueda para lograr su meta.

El éxito me ha llegado, pero no porque me haya enfocado en la fama o el logro. Si nos concentramos en esas dianas, nos decepcionaremos. ¿Acaso no hemos oído todos que el viaje es más importante que el destino? Yo lo creo.

Así pues, soy exitoso. Eso significa que vendo libros. Tengo un sueldo suficiente escribiendo como para vivir cómodamente. Pero más importante para mí es que me encanta lo que hago. Cada mañana es un gozo para mí sentarme frente a la pantalla de mi computadora y sentir que las palabras fluyen de mi mente hacia mis dedos y después a la pantalla.

Este es mi consejo: siga sus sueños. Enfóquese en lo que a su corazón le guía a hacer. ¿Qué quiere lograr? Concéntrese en hacer lo que pueda para lograr su meta.

Muchas veces definimos el éxito como logro, y ese se supone que es el pináculo de la dicha. Cuando oigo a la gente hablar así, recuerdo leer la nota de la muerte hace muchos años del entonces famoso actor George Sanders. Ganó un premio de la Academia, fue una estrella del cine durante al menos tres décadas y tuvo cuatro esposas. Se suicidó, y su nota decía: "La vida es un fastidio".

Fama, admiración y dinero obviamente no dieron satisfacción a Sanders.

Y tampoco satisfarán a ninguno de nosotros mientras nos enfoquemos en el engañoso éxito.

Sin embargo, si seguimos la pasión que Dios nos ha dado, quizá no sepamos dónde nos llevará, pero llegaremos a ser "exitosos" porque hemos seguido nuestros deseos. Eso es lo que da la felicidad, ¿no es así?

Ignoro el éxito;
persigo mi sueños.

52

El punto dulce

FRECUENTEMENTE OÍMOS QUE SE USA el término *punto dulce*. Originalmente es un término deportivo, y creo que viene del béisbol. El punto dulce es el lugar en el bate que conecta con la bola que lanzó el pitcher. La fuerza está completamente equilibrada y da como resultado una poderosa salida, a menudo consiguiendo una carrera.

En años recientes el término ha trascendido a los deportes hasta el uso general para decir que cuando fuerzas que compiten se encuentran en el momento y el lugar exactos, se produce una situación en la que todos ganan. Es el mejor resultado entre extremos.

Entonces ¿qué es el punto dulce en la vida? Supongo que varía con cada uno de nosotros, pero todos tenemos nuestro punto dulce, esos momentos que vemos como absoluta tranquilidad, profunda paz y honda satisfacción.

Yo he tenido esos momentos así como la mayoría de la gente. Por ejemplo, llegué por primera vez a Kenia en mitad de la noche, pasé los siguientes dos días en Nairobi, luego salí cuando oscureció para ir país arriba, cerca de la frontera entre Kenia y Tanzania. A la mañana siguiente me desperté cuando los primeros rayos del sol entraban en nuestra habitación.

Salí y contemplé el paisaje campestre. Nunca había visto algo tan hermoso. Estábamos en la ladera de una montaña, y el sol estaba saliendo tímidamente por detrás de otra montaña. A la distancia, unos pocos cencerros interrumpían el silencio, pero por otra parte era como si hubiera comenzado un nuevo mundo. Ese fue un punto dulce para mí.

Incluso después de vivir allí durante varios años, cada mañana podía levantarme al amanecer y ver el glorioso evento. Seguía siendo un punto dulce para mí.

Un punto dulce puede ser muchas cosas, y probablemente todos tenemos más de uno. Pero tengo otro punto dulce que es el que más he disfrutado la mayor parte de mi vida adulta. Podría llamarlo de muchas formas, como un tiempo de meditación diaria, reflexión u oración. Es mi tiempo de enfocar o reenfocar mi día y arreglar las demandas del día.

Yo defiendo enérgicamente ese tiempo, y todos debemos encontrar lo que nos funciona.

> Todos tenemos nuestro punto dulce, esos momentos que vemos como absoluta tranquilidad, profunda paz y honda satisfacción.

Por ejemplo, el punto dulce de mi amigo es hacer yoga. Se sienta en silencio y después dice que se siente renovado o vigorizado. Este ejercicio no me resulta atractivo, pero ha calmado su enojo.

Me gustaría hablarle un poco de mi punto dulce. Cuando me hice cristiano comprometido, asistía a una iglesia donde nos enseñaban que tenemos que orar diariamente. *Buena idea*, pensaba. Pero hacían más: hablaban de estar de rodillas cuando orásemos. No es una mala idea y no tengo problemas con eso, pero simplemente nunca me funcionó. O bien me retorcía todo el tiempo, o me dormía. Era una disciplina que no podía dominar.

Hace algunos años comencé a correr, y fue algo absolutamente dichoso. Sí, me enojaba y me quedaba sin aliento y luchaba por respirar, y a veces sentía ese dolor molesto en un costado. Pero se convirtió en un tiempo de dicha para mí.

Durante los últimos treinta años he encontrado mi punto dulce en la carrera. Cada mañana me levanto a eso de las cuatro y media, al margen del tiempo que haga, y corro durante cuarenta y cinco minutos o una hora. Se me olvida el tiempo. Estoy en mi dicha. Aunque vagamente consciente de los automóviles que vienen, me quedo principalmente en calles secundarias.

La mejor parte del punto dulce es que algo me sucede. Regreso a casa cansado, pero a la vez renovado.

Mientras estoy corriendo, mi mente está alerta y oro por los demás; a medida que soy consciente de sus necesidades, les presento a Dios. Confieso mis errores, y a veces me siento mal por seguir cometiendo los mismos errores que hace diez años. Pero me anima saber que al menos soy consciente de ello y que estoy progresando.

Hay también algo más. Surgen problemas para los que no tengo una solución, por mucho que lo intento. Dejo de pensar en ellos hasta que vuelva a correr (o doy una vuelta extra). Durante la primera parte de mi carrera, evito pensar en esas preocupaciones. Unos diez minutos antes de llegar a casa, mi mente cambia a esos dilemas sin resolver, y casi como sin pedirlo, las soluciones parecen ser claras y obvias.

Hace años, un familiar solía hablar de dormir con un problema y encontrar la respuesta después de un buen descanso nocturno. Correr hace lo mismo en mi caso.

Correr es mi punto dulce. Recibo ideas. Veo las cosas de otra forma. Sé cómo responder a una persona difícil. De hecho, este capítulo y el anterior salieron de una carrera de esta mañana.

Cuando encuentro mis puntos dulces,
disfruto la dicha de la vida.

53

Vivir en la corriente

VIVIR EN LA CORRIENTE es un término que he oído durante décadas. Y sé lo que significa porque lo he experimentado.

La mejor manera en que puedo describir estar en la corriente es decirle cómo es en mi caso. Es estar tan metido en lo que estoy haciendo o pensando, que no soy consciente de ninguna otra cosa que sucede a mi alrededor. Si estoy escribiendo, las palabras parecen salir a borbotones de mis dedos sin participación consciente de mi mente.

Me concentro mucho en lo que estoy haciendo y estoy distraído del ruido, la música, el caos o la actividad que me rodea.

Me gustaría poder vivir en la corriente durante los momentos conscientes de mis días, pero eso no sucede. Y si ocurriera, probablemente dejaría de apreciar el valor de la experiencia.

Algunas mañanas cuando corro, me quejo conmigo mismo por el clima o por lo cansado que estoy. Pero de vez en cuando, ciertamente no todos los días, soy consciente de que he estado golpeando mis pies contra el asfalto durante casi una hora y no me he dado cuenta. Estaba perdido en mis pensamientos, en el ciberespacio, en la presencia de Dios; puedo usar cualquiera de estos términos.

Ocasionalmente cuando escribo, estoy tan abstraído que siento que no ha avanzado el tiempo. Luego alzo la vista, y el reloj que tengo delante de mí en la oficina me dice que han pasado dos horas.

La primera vez me ocurrió mientras era aún pastor. Regresé a mi oficina después de una sesión particularmente difícil con un miembro enojado de la iglesia. Tuve unos cuarenta y cinco minutos entre las citas, y de repente una idea llegó a mi mente. Comencé a escribir, y las palabras parecían fluir de un lugar interno, profundo. Cuando terminé, quizá siete minutos antes de mi cita, leí todo y cambié solo una palabra.

Estaba sorprendido y profundamente humillado al darme cuenta de que era bueno, y había salido de mis dedos sin aparentemente esfuerzo consciente alguno por mi parte. Vendí ese artículo, y se imprimió diecisiete veces. Incluso lo modifiqué ligeramente y lo usé como un capítulo en uno de mis libros.

Estar en la corriente me funciona, y este camino inconsciente está abierto a todos nosotros.

Le daré una ilustración más. Tengo buena mano para la jardinería, y hago que las cosas crezcan rápidamente. Sencillamente lo hago.

Durante los últimos quince años me ha gustado apagar mi computadora alrededor de las cuatro de la tarde (salvo en invierno) y salir a jugar al jardín. A gatas y solo con unas tijeras y una pala de jardinería, comienzo a jugar. (*No es trabajar*). Tengo como tres mil metros y todo está plantado a mano o con cubierta vegetal.

A gatas, estoy vivo en un mundo aparte del resto de la creación. Mi mente sigue trabajando, pero no soy consciente de ninguna actividad mental. Todo mi ser está involucrado y pasa una hora, a veces dos, antes de que mi mujer me llame o despierte a lo que me rodea.

Necesitamos el fluir. Nuestras conflictivas y desequilibradas vidas son más ricas y más creativas si aprendemos a sintonizar con él.

Encontrar nuestro fluir no cambiará las circunstancias de nuestra vida, pero puede enriquecernos donde estamos.

Nuestras conflictivas y desequilibradas vidas se vuelven más ricas y creativas si aprendemos a sintonizar con el fluir.

54

Descubrir
nuestra dicha

MI AMIGO WILSON TENÍA UN trabajo técnico de alto nivel en IBM.
Odiaba ir a trabajar cada día. Se quejaba frecuentemente por las condiciones, las demandas y la estructura.

—¿Qué es lo que quieres hacer realmente con tu vida? —le pregunté—. ¿Qué te haría verdaderamente feliz?

—Me gustaría escribir música —me dijo él.

—Entonces, ¿por qué no lo haces?

Wilson tenía unas cuantas razones, buenas, sensatas y prácticas,
para explicar por qué no podría hacerlo... al menos no ahora.

Unos seis meses después, IBM anunció que iban a mover las actividades de Wilson a Charlotte, Carolina del Norte. Él decidió no ir con
ellos.

—Ahora puedes hacer lo que siempre has querido hacer —dije.

Él asintió pero destacó que tenía una hipoteca y un hijo aún en la
secundaria. En un mes, Wilson encontró otro trabajo, muy similar al
que había hecho durante los últimos catorce años. Y no le gusta más este
nuevo trabajo

No ha escrito nada de música, al menos no seriamente. Tomó algunas clases de guitarra y toca de vez en cuando.

—¿Y ahora qué, Wilson? —le he preguntado varias veces desde que su hijo se graduó de la universidad—. ¿Seguirás en tu campo tecnológico? ¿O asumirás el riesgo y harás lo que tu corazón dice que quieres hacer?

Hasta hoy, sigue demasiado ocupado con una lista de razones. No es feliz. Wilson tiene ya cincuenta años y dudo que alguna vez escriba música. Esta es la razón: no es su dicha. Es un sueño, un ideal de lo que cree que le gustaría.

En mi opinión, Wilson no quiere escribir ni tocar música. Quiere soñar con una carrera musical.

¿Y no somos todos un poco como él? Tenemos sueños de lo que *queremos* hacer pero cuando llega la oportunidad, ¿nos alejamos de ellos?

Por el contrario, quiero hablarle de Mark, quien quería ser escritor. Tomó una excedencia durante un año. "Es lo único que me encanta hacer —decía. Durante su tiempo alejado del mundo laboral diario, Mark vendió tres artículos electrónicos y terminó una novela. No la he leído, pero dudo que sea lo suficientemente buena para venderla.

Tenemos sueños de lo que *queremos* hacer pero cuando llega la oportunidad, ¿nos alejamos de ellos?

Algunos de sus amigos ya le han desanimado.

—Has malgastado un año de tu vida.

Mark se ríe de eso.

—No es el dinero. Finalmente estoy haciendo algo que siempre he querido hacer—. Se ha lanzado a escribir.

—Cuando escribo, me siento vivo. Es creativo, y puedo sentirme....—Buscaba la palabra—. Feliz. Contento. No sé si ganaré para vivir haciendo esto. Probablemente no, pero aquí es donde está mi corazón.

Para Mark, escribir es algo que *debe* hacer. Es como una compulsión. Regresó a su antigua posición hace unas semanas. Dice que dedica treinta y ocho horas a la semana y hace el mejor trabajo que puede.

—Pero en mis momentos libres, estoy editando dentro de mi cabeza.

Mark tiene la idea correcta, y me gustaría pedirle a usted que se haga tres preguntas:

1. ¿Qué me conmueve por dentro?
2. ¿Qué provoca esa pasión?
3. Si la economía no fuera un problema, ¿qué haría con mi vida?

Quizá sea tímido, inseguro, sin preparación, o le falte confianza en sí mismo, pero algo dentro le empuja y rehúsa dejarle descansar. Eso es a lo que me refiero con dicha. Es saber exactamente dónde quiere estar cuando siente esa profunda tranquilidad, esa dicha.

Primero oí la frase: "Sigue tu dicha", en la televisión pública hace años cuando Bill Moyers hizo una larga entrevista de seis horas al difunto Joseph Campbell.

Campbell dijo que había dos caminos en la vida. Llamaba al primero el *camino diestro*. Es prudente y práctico. Dijo que si seguimos el camino diestro, nos llevará a la escalera del éxito. Pero si subimos por la escalera del éxito, *puede que descubramos que la escalera está apoyada en la pared incorrecta.*

Campbell habló del más arriesgado *camino zurdo*. Dijo que es el camino de seguir nuestra dicha, nuestro entusiasmo, o nuestro éxtasis (palabras suyas).

Dijo que quizá otros no entiendan nuestra elección, y no tenemos garantía de a qué pared nos llevará nuestro camino, pero si escogemos el camino zurdo, merece la pena *porque el viaje en sí tiene su propia recompensa.* Cuando ocurre, grita: "¡Ha encontrado su dicha!".

Nuestra dicha puede ser tan simple como cocinar, leer un libro o escuchar música.

No es lo que hacemos, sino lo que eso hace en nosotros.

Si descubrimos nuestra dicha, esas cosas que nos separan de la opresión de lo urgente para poder enfocarnos en el poder de lo importante, esos momentos son un resurgir. Es como reiniciar o recargar.

Yo estoy siguiendo mi dicha. Soy escritor porque es ahí donde encuentro mi dicha. Si no estuviera escribiendo, me sentiría mal. Soy extremadamente afortunado porque he encontrado el trabajo que amo y me pagan por ello.

Sin duda que no soy el único. Hablé con un contable hace un año y me dijo: "La gente piensa que estoy loco, pero me encanta lo que hago". Hablaba de cifras y números y de cómo podía ayudar a la gente. Seguía hablando más tiempo del que yo quería escucharle, pero lo entendí. Había encontrado su dicha.

Cuando descubro mi dicha, descubro totalidad.

55

Lograrlo

LOGRARLO ES UN TÉRMINO QUE usamos a menudo en el mundo occidental. Con ello nos referimos a tener éxito en lo que hacemos. Pero por lo general, queremos decir más. La mayoría de las veces significa ir hacia arriba mientras otros fracasan.

"No todos pueden ser ganadores", decimos. No es tanto que queramos que otros fracasen, sino que nosotros queremos tener éxito.

"Es el modelo americano", oigo a menudo. "Ocúpate del número uno". Suena bien, y significa que estamos muy enfocados en nuestras metas y las cosas que anhelamos lograr. Sin embargo, incluso nosotros no siempre lo logramos. Es como si estuviéramos corriendo una media maratón y tropezásemos con un cordón suelto. No solo la vergüenza pública es inaceptable, sino que significa que hemos arruinado nuestra oportunidad de ser el primero en llegar a la meta.

Eso es lo que llamamos sabiduría convencional.

Y no lo creo.

Si en verdad queremos encontrar el sentido a la vida, una de las leyes del universo dice: si nos acercamos a otros, no estamos perdiendo terreno y no estamos fracasando. Estamos siendo más fuertes. No puedo explicar cómo funciona (aunque sé que funciona), pero cuando más ayudo a otros, más termino ayudándome a mí mismo.

Cuando aún estaba en la adolescencia, leí una historia corta y ni tan siquiera recuerdo quién la escribió. Era de tres hombres subiendo a pie montañas peligrosas, probablemente el Himalaya, para llegar a un monasterio. Se encontraron con una potente y repentina tormenta de nieve que dificultaba su progreso. Se vieron ante un camino estrecho y llegó la oscuridad antes de llegar al monasterio.

Uno de ellos, que era mucho mayor, no podía ir tan rápido y finalmente estaba tan agotado que no podía continuar. Los otros dos tenían que decidir qué hacer. El líder del grupo dijo: "Déjenle. Nos demorará y todos moriremos en el camino". Tomó sus cosas y se fue.

> Una de las leyes del universo dice: si nos acercamos a otros, no estamos perdiendo terreno y no estamos fracasando. Estamos siendo más fuertes.

El segundo hombre rehusó abandonar al hombre mayor y le cargó a hombros. Siguió por el camino ascendente y ventoso. La temperatura descendía y la nieve aumentaba, pero él continuó. Se dio cuenta de que avanzaba solamente a la mitad de su paso, pero continuó.

Unas tres horas después, el hombre con la carga tropezó con algo y se le cayó el hombre mayor. Mientras se disponía a levantarse, se dio cuenta de que había tropezado con el cuerpo de su líder. Muerto. Congelado.

Sin saber qué otra cosa hacer, volvió a cargar al hombre mayor y continuó sendero arriba. Unos cincuenta metros después vio las luces tintineantes del monasterio. Los dos sobrevivieron a la dura prueba.

El joven se dio cuenta de que había sobrevivido porque ejercitó su cuerpo, y el esfuerzo físico le impidió congelarse.

No recuerdo si fue una historia real, pero no importa. La lección es simple: cuando hago lo que puedo por ayudar a otros, me ayudo a mí mismo.

Uno de mis versículos favoritos de la Biblia, del libro de Proverbios, dice así: "A Jehová presta el que da al pobre, y el bien que ha hecho, se lo volverá a pagar".[10] Para mí, el pobre se refiere a cualquiera en necesidad, cualquiera a quien pueda salir de mi camino y ayudar.

Ralph Waldo Emerson lo dijo de una manera más poética, pero el principio es el mismo: "Es una de las compensaciones más bonitas de la vida el hecho de que ningún hombre puede intentar ayudar sinceramente a otro sin ayudarse a sí mismo".

Como una reflexión personal sobre mi vida, he intentado practicar ese principio. No lo he hecho perfectamente, y he fracasado unas cuantas veces. Pero sigue siendo mi meta. He tenido un buen éxito en mi carrera como escritor. He trabajado duro para aprender el arte y entender la empresa editorial; sin embargo, ciertamente no más que otros que no han tenido tanto éxito.

Creo que Dios me ha sonreído por un compromiso que hice al comienzo de mi carrera como escritor. Entonces me había reunido con varios escritores a quienes consideraba *exitosos*. Algunas veces pedí ayuda o consejo. Ninguno de ellos respondió, y eran personas a las que conocía bastante bien. Uno de ellos dijo: "No entreno a mis competidores". (Nunca me vi como su competidor, pero obviamente él sí me veía así).

Prometí a Dios y a mí mismo que siempre haría todo lo que pudiera para ayudar a que otros escritores lograran serlo. Así que hice lo que pude. Y sigo haciendo lo que puedo. Eso es cierto. Pero es más que hacer lo que pude. Hice lo que pude y luego, como lo dijo uno de mis amigos: "El Universo [traduzco eso como refiriéndose a Dios] honró tu dádiva".

Yo no lo diría así, pero creo que tiene razón. He logrado mucho más de lo que esperaba. Honré Proverbios 19:17, y Dios honró el principio en mi vida.

Hago lo que puedo para ayudar a que otros lo logren;
Dios hace lo que puede para ayudarme a lograrlo.

56

Vivir en el después

ME GUSTA HABLAR Y ESCRIBIR sobre el *después*, cuando hemos encontrado el sentido a la vida cuando no lo tiene. Raras veces he hablado con alguien que haya pasado por un trauma y confusión y que no aprendiera algo de la prueba.

- "Me entiendo a mí mismo mucho mejor".
- "Crecí como persona".
- "Estoy más abierto a otras personas y su dolor".
- "Soy más fuerte ahora".

Pero vivir en el conflicto ahora, justo ahora, es el problema. Nosotros no pedimos la confusión o la pérdida de empleo, el divorcio, el final de una relación, una enfermedad seria o la traición de un amigo. No lo pedimos, pero lo tuvimos.

Cuando era pastor, a menudo oía a la gente quejarse cuando se terminaba su matrimonio o su larga relación de amistad, con palabras como: "Esto es lo peor que me ha ocurrido".

Después, por lo general uno o dos años después del severo trauma, algunas de esas mismas personas me dijeron que resultó ser una de las mejores cosas que les ocurrió jamás.

Quizá eso nos ocurra a todos, aunque el *después* no sea el asunto ahora mismo. No quiero escribir acerca de todas las maravillosas bendiciones del futuro, aunque creo que el futuro puede resultar ser mejor. Quiero encontrar sentido a la locura y la dificultad de lo que está ocurriendo.

Y sin embargo, *después* parece merodear en la periferia de mi visión. Quizá clame que no me importa lo que ocurra después, y en los momentos más oscuros es cierto. A la vez, como sé que *hay* un después, un tiempo en el que la vida mejora, mi mundo mejora o Dios me sonríe, sigo adelante.

Como hay algo más allá del dolor y el caos, yo persevero, sintiendo que lo mejor está por llegar. Si creyese que la vida nunca mejoraría o que las condiciones no mejorarían, no estoy seguro de cómo reaccionaría.

Hace algunos años, un amigo llamado Wayne Smith se quitó la vida. Le llegó una enfermedad incurable y solamente pudo ver oscuridad y desesperación ante él. Saber eso me ayuda a entender por qué lo hizo.

Para Wayne no había un después. El terrible diagnóstico y las palabras de desesperación fueron el comienzo de lo que le esperaba. Y luego empeoraría.

> Como hay algo más allá del dolor y el caos, yo persevero, sintiendo que lo mejor está por llegar.

Pero en la mayoría de las situaciones, incluso en nuestro dolor más profundo, sabemos que no es el fin. Estamos seguros de que la vida continuará. (No queremos que la gente nos diga eso, ya que por lo general suponemos que es un tipo de mensaje para hacernos sentirnos bien con el fin de ellos mismos sentirse mejor).

La mayoría del tiempo, no obstante, la vida mejorará, las situaciones mejorarán, y aprenderemos y creceremos por esta experiencia.

El hoy no es bueno; mañana puede ser peor. Pero después, cuando esto se acabe, seré más fuerte.

57

Entre principios
y valores

"LOS PRINCIPIOS PERMANECEN, PERO LOS valores cambian", dijo recientemente mi amigo Barry Spencer, y después de explicarlo, estuve de acuerdo con él.

Construimos nuestras vidas sobre principios. Son las normas que dictan nuestras vidas. A veces se piensan conscientemente, a veces nuestros padres, maestros o contemporáneos nos los inculcan.

Stan Cottrell se crió en Kentucky. Frecuentemente se refería al "código de las colinas". Usaba eso para referirse a acercarse y cuidar de los amigos. "Cuidamos de la familia, y familia significa aquellos de los que nos preocupamos —dijo una vez.

Más de veinte años después, nuestra casa se quemó y lo perdimos todo. La compañía de seguros nos alojó en un motel, y tuvimos que conseguir a alguien que nos llevara hasta allí. Como una hora después de registrarnos, sonó el teléfono del hotel.

—Soy Stan —dijo. Nos dijo que había visto el incendio en las noticias de la televisión—. Iré y les recogeré por la mañana, y se quedarán con Carol y conmigo hasta que tengan un lugar donde vivir.

Yo le di las gracias y cortésmente rechacé la invitación.

—No es negociable —dijo Stan—. El código de las colinas dice que nosotros cuidamos de los nuestros.

Sus palabras me tocaron, y no pude negarme. Ese era un principio por el que vivía Stan. Eso me hablaba de quién era él. Ahora tiene unos sesenta años, pero el principio sigue siendo parte de él.

Los principios no cambian; los valores sí. Solo necesito pensar en los cambios de actitud durante el medio siglo pasado. Hace treinta años, por ejemplo, ninguna mujer de principios llevaba pantalones a la iglesia, las bodas o los funerales. Y ninguna iba a ninguna ocasión formal sin llevar un sombrero. Ningún hombre osaba entrar en esos lugares sin una corbata y chaqueta. Esa generación vivió según el principio de que esos eventos son especiales y querían honrar la ocasión. Expresaban sus valores por las ropas que llevaban.

Los principios no cambian; los valores sí.

El domingo pasado estaba sentado en la iglesia con unas 125 personas. Yo era el único hombre en el edificio que llevaba chaqueta y corbata (y eso incluía al pastor). Solo dos mujeres llevaban vestido. Los valores han cambiado.

Este es otro ejemplo. Cuando estaba en la escuela, una vez le dije a un compañero: "¿Qué diablos debo hacer?". La maestra me escuchó y me regañó por hablar mal. Yo no entendía cómo ella pudo considerar que eso era hablar mal. Ciertamente nadie lo entendería hoy.

O este es otro ejemplo donde los valores han cambiado. La versión inglesa de la Biblia King James apareció en 1611. Los traductores usaron ocho veces la palabra *piss* para orinar. Cuando yo hice mi aparición en la historia, las personas refinadas decían que esa palabra era vulgar, aunque de nuevo está volviendo a ser de uso común.

¿Qué significan estos ejemplos? Tenemos principios subyacentes, son las partes que raras veces cambian de nosotros mismos y que si violamos nos producen gran dolor. Uno de los principios de mi vida es la regla de oro: tratar a otros como yo desearía que me trataran a mí. A veces trato a otros mal, pero cuando me doy cuenta, mi conciencia me remuerde y la culpa viene sobre mí.

Pero, como he mostrado arriba, mis valores cambian. Así que eso me deja con una pregunta. ¿Están las personas de hoy menos comprometidas con sus ideales y normas que la generación previa?

Esa es una pregunta general, pero mi respuesta es simple: ellos mantienen los códigos importantes de la vida, pero su manera de expresar esos principios ha cambiado.

Al luchar con los conflictos de la vida, quizá estamos confundiendo los valores y los principios.

La vida tiene poco sentido a menos que
me aferre a los principios y permanezca
abierto a repensar mis valores.

58

No somos quienes solíamos ser

"Los cambios espirituales más profundos a menudo se producen cuando menos conscientes somos de ellos". Leí estas palabras recientemente en una página web. Creo que son ciertos.

Quizá quiera pensar en ellos como cambios internos. Eso significa que nos convertimos en personas diferentes, mejores, más fuertes y más la personas que finalmente llegaremos a ser.

Otra manera de decir esto es que crecemos. A veces rompemos violentamente barreras y corremos hacia delante; en otros casos nos tambaleamos detrás de las barricadas. Independientemente del cómo, logramos superarlas. Y somos distintos después de llegar al otro lado.

Por lo general, en medio del caos la gente clama: "Dios, tan solo sácame de este lío".

Cuando sufrimos o la vida se vuelve caótica, parece que solo podemos enfocarnos en los rigores de la vida, en las injusticias de nuestra situación o en nuestras ansiedades por cómo vamos a pagar la hipoteca este mes.

Cuando la vida se vuelve conflictiva y no tiene sentido, algo sucede en nuestro interior, y ese "algo" es probablemente una fuerza interior de la que no somos conscientes. Estamos aprendiendo y madurando, pero no nos lo parece.

Pero también llegamos a ese lugar en el que nos sentimos como si ya hubiésemos peleado lo suficiente. "Estoy cansado de esto —decimos—. ¿Cuánto más durará esto?". En la Biblia el salmista clamó: "¿Hasta cuándo, Jehová? ¿Me olvidarás para siempre? ¿Hasta cuándo esconderás tu rostro de mí?".[11]

Cuando nos encontramos con otro de los conflictos inevitables de la vida, no nos quedamos en el mismo lugar. Cambiamos. Si rehusamos responder, la situación por lo general toma la decisión por nosotros.

Podemos luchar y rehusar permitir que la tragedia o el dolor nos venza. Con mucha frecuencia recibo peticiones de personas que quieren contratarme para escribir su historia. Me asombró la fortaleza y determinación de un chico de secundaria que no podía andar pero insistió en que no solo andaría sino que volvería a jugar al fútbol americano (y lo ha conseguido). Escuché de un hombre que se quedó ciego en un accidente, pero que escala montañas.

Pero hay siempre algunos que abandonan sin mucho esfuerzo. Se quejan y nunca van más allá de ver las injusticias de la vida.

Al margen de ello, ninguno de nosotros es el mismo después de una crisis. Incluso si nos rendimos, nos consolidamos y fortalecemos en algún momento después de ese modo depresivo. Si seguimos levantándonos cada vez que caemos, vamos más allá de la parte de la vida que no tiene sentido. Después, cuando hemos avanzado, miramos atrás y nos damos cuenta de que ya no somos como éramos.

Ninguno de nosotros es el mismo después de una crisis.

Hemos cambiado. Estábamos tan enfocados en la batalla (o la falta de ella) que no éramos conscientes de lo que nos estaba ocurriendo internamente. Lo que ocurre dentro de nosotros es que hemos experimentado un problema, y elegimos un modo de respuesta. Esa decisión, especialmente si fue buena, nos capacitó para hacer frente al siguiente.

Así funciona la vida. Cuando afrontamos desafíos o problemas de algún tipo, *y digo afrontarlos*, sobrevivimos y crecemos *debido a* la experiencia. Es como ir a la escuela. Tenemos que terminar un curso para estar listos para el siguiente.

Uno de mis amigos dijo recientemente: "Me encanta admirar mis flores a la luz del sol, pero también necesitan la oscuridad para crecer".

No soy quien solía ser, y no sé quién seré al final de mi vida. Soy una obra en progreso.

Notas

1. Jan Kuzma y Cecil Murphey, *Live 10 Healthy Years Longer* (Nashville, Tenn.: Word Publishing, 2000).

2. Don Piper con Cecil Murphey, *90 Minutes in Heaven* [90 Minutos en el cielo] (Grand Rapids, Mich.: Revell, 2004), 17.

3. Mateo 6:27

4. 1 Timoteo 6:6-8

5. Filipenses 4:11-12

6. Génesis 50:18

7. Génesis 50:19-21

8. Romanos 7:19

9. Mateo 5:43-44

10. Proverbios 19:17

11. Salmos 13:1

Reconocimientos

Mi más sincera gratitud a las personas que hacen que la vida sea difícil para mí (y no los nombraré). Al margen de sus intenciones, me empujan a examinar áreas de mi vida que hubiera preferido ignorar.

Aprecio a Jason Rovenstine, Carlton Garborg y Ramona Tucker de Ellie Claire. Sé que estoy en buenas manos con ustedes.

Quiero reconocer especialmente a mi asistente, Twila Belk, y a mi agente literaria, Deidre Knight. Ellas afirman ser el viento bajo mis alas. Probablemente eso es cierto.

David Morgan ha sido una parte importante de mi vida durante tres décadas y ha hablado conmigo acerca de gran parte de este material.

Quiero reconocer mi amor por Wanda y Randy, Cecile y John Mark y Cathie.

Pero por encima de todo, gracias Shirley, por amarme, por ser mi esposa, y porque eres la mejor persona que conozco.

Acerca del autor

Cecil (Cec) Murphey ha escrito o co-escrito más de 120 libros, incluyendo el éxito de ventas del *New York Times 90 Minutos en el cielo* (con Don Piper) y *Gifted Hands: The Ben Carson Story* (con el Dr. Ben Carson). Se han vendido millones de ejemplares de sus libros y han llevado esperanza y ánimo a lectores de todo el mundo.

OTROS LIBROS DE CECIL MURPHEY INCLUYEN:

Getting to Heaven: Departing Instructions for Your Life Now (con Don Piper)

Knowing God, Knowing Myself

When a Man You Love Was Abused

Hope and Comfort for Every Season

Words of Comfort for Times of Loss

Christmas Miracles

When God Turned Off the Lights

When Someone You Love Has Cancer

Everybody's Suspect in Georgia (*ficción*)

I Choose to Stay e Immortality of Influencie (con Salome Thomes-EL)

Rebel with a Cause (con Franklin Graham)

Cecil Murphey disfruta hablando en iglesias y en eventos en toda la nación. Para más información, o para contactarle, visite su página web en www.cecilmurphey.com.

El blog de Cecil para hombres que han sufrido abuso sexual: www.menshatteringthesilence.blogspot.com.

El blog de Cecil para escritores: www.cecwritertowriter.com.

WORTHY®
Latino

Si le gustó este libro,
¿consideraría compartir el mensaje con otros?

- Mencione el libro en un post en Facebook, un update en Twitter, un pin en Pinterest, o una entrada en un blog.

- Recomiende este libro a quienes están en su grupo pequeño, club de lectura, lugar de trabajo y clases.

- Visite Facebook.com/WorthyPublishingLatino, dé "ME GUSTA" a la página, y escriba un comentario sobre lo que más le gustó.

- Escriba un Tweet en @WorthyPubLatino sobre el libro.

- Entregue un ejemplar a alguien que conozca y que sería retado y alentado por este mensaje.

- Escriba una reseña en amazon.com, bn.com, goodreads.com o cbd.com.

Puede suscribirse al boletín de noticias de Worthy Latino en WorthyLatino.com

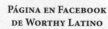 **PÁGINA EN FACEBOOK DE WORTHY LATINO**

SITIO WEB DE WORTHY LATINO